O Senhor está neste lugar e eu não sabia

Teologia da presença

Coleção Bíblia em Comunidade

PRIMEIRA SÉRIE
VISÃO GLOBAL DA BÍBLIA
1. Bíblia, comunicação entre Deus e o povo – Informações gerais
2. Terras bíblicas: encontro de Deus com a humanidade – Terra do povo da Bíblia
3. O povo da Bíblia narra suas origens – Formação do povo
4. As famílias se organizam em busca da sobrevivência – Período tribal
5. O alto preço da prosperidade – Monarquia unida em Israel
6. Em busca de vida, o povo muda a história – Reino de Israel
7. Entre a fé e a fraqueza – Reino de Judá
8. Deus também estava lá – Exílio na Babilônia
9. A comunidade renasce ao redor da Palavra – Período persa
10. Fé bíblica: uma chama brilha no vendaval – Período greco-helenista
11. Sabedoria na resistência – Período romano
12. O eterno entra na história – A terra de Israel no tempo de Jesus
13. A fé nasce e é vivida em comunidade – Comunidades cristãs de Israel
14. Em Jesus, Deus comunica-se com o povo – Comunidades cristãs na diáspora
15. Caminhamos na história de Deus – Comunidades cristãs e sua organização

SEGUNDA SÉRIE
TEOLOGIAS BÍBLICAS
1. Deus ouve o clamor do povo (Teologia do êxodo)
2. Vós sereis o meu povo e eu serei o vosso Deus (Teologia da aliança)
3. Iniciativa de Deus e co-responsabilidade humana (Teologia da graça)
4. O senhor está neste lugar e eu não sabia (Teologia da presença)
5. Teologia dos profetas
6. Teologia sacerdotal
7. Teologia sapiencial
8. Teologia feminista
9. Teologia rabínica
10. Teologia paulina
11. Teologia de Marcos e Mateus
12. Teologia lucana
13. Teologia joanina
14. Teologia apocalíptica
15. Teologia espiritual
16. As origens apócrifas do cristianismo (Teologia apócrifa)

TERCEIRA SÉRIE (em preparação)
PALAVRA: FORMA E SENTIDO –
GÊNEROS LITERÁRIOS
1. Introdução aos gêneros literários
2. Gênero narrativo
3. Gênero historiográfico
4. Gênero normativo/legislativo
5. Gênero profético
6. Gênero sapiencial
7. Gênero poético
8. Gênero apocalíptico
9. Gênero evangelho/epístola – ST

QUARTA SÉRIE (em preparação)
RECURSOS PEDAGÓGICOS
ORIENTADOS PARA:
• Visão global da Bíblia – 1
• Teologias bíblicas – 2
• Métodos de estudo da Bíblia – 3
• Análise de textos – 4
• Modelo de ajuda – 5
• Atender fisicamente – 5.1
• Observar – 5.2
• Escutar – 5.3
• Responder dialogando – 5.4
• Personalizar – 5.5

Jacil Rodrigues de Brito

O Senhor está neste lugar e eu não sabia

Teologia da presença

"Deus vos salve casa santa
Onde Deus fez a morada,
Onde mora o cálix bento
E a hóstia consagrada."

(*Domínio popular*)

Teologias bíblicas 4

Dados Internacionais de Catalogação na Publicação (CIP)
(Câmara Brasileira do Livro, SP, Brasil)

Brito, Jacil Rodrigues de
O Senhor está neste lugar e eu não sabia : teologia da presença /
Jacil Rodrigues de Brito. – São Paulo : Paulinas, 2005. – (Coleção Bíblia
em comunidade. Série teologias bíblicas ; 4)

ISBN 85-356-1519-9

1. Bíblia - Crítica e interpretação 2. Bíblia - Estudos e ensino
3. Bíblia - História de eventos bíblicos 4. Povo de Deus I. Título. II. Série.

05-2159   CDD-220.6

Índice para catálogo sistemático:
1. Presença de Deus : Bíblia : Interpretação e crítica 220.6

Citações bíblicas: *Bíblia de Jerusalém*. São Paulo, Paulus, 1986.

Direção-geral:	*Flávia Reginatto*
Editora responsável:	*Noemi Dariva*
Copidesque:	*Anoar Jarbas Provenzi*
Coordenação de revisão:	*Andréia Schweitzer*
Revisão:	*Ana Cecilia Mari*
Direção de arte:	*Irma Cipriani*
Gerente de produção:	*Felício Calegaro Neto*
Capa:	*Everson de Paula, sobre ilustração de Soares*
Editoração eletrônica:	*Sandra Regina Santana*

*Nenhuma parte desta obra poderá ser reproduzida ou transmitida por
qualquer forma e/ou quaisquer meios (eletrônico ou mecânico,
incluindo fotocópia e gravação) ou arquivada em qualquer sistema ou
banco de dados sem permissão escrita da Editora. Direitos reservados.*

SAB – Serviço de Animação Bíblica
Av. Afonso Pena, 2142 – Bairro Funcionários
30130-007 – Belo Horizonte – MG
Tel.: (31) 3269-3737 – Fax: (31) 3269-3729
e-mail: sab@paulinas.org.br

Paulinas
Rua Pedro de Toledo, 164
04039-000 – São Paulo – SP (Brasil)
Tel.: (11) 2125-3549 – Fax: (11) 2125-3548
http://www.paulinas.org.br – editora@paulinas.org.br
Telemarketing e SAC: 0800-7010081

©Pia Sociedade Filhas de São Paulo – São Paulo, 2005

Aos meus Pais,
Zezé, violeiro e cantador
de folia de reis,
e Guilhermina, tecelã e
voz afinada no bendito.

Apresentação

O Senhor está neste lugar e eu não sabia, é o 4º volume da série Teologias bíblicas, da Coleção Bíblia em Comunidade. Trata da Teologia da presença, ou seja, como o povo da Bíblia percebeu a presença de Deus no universo e na sua história. Muito cedo aprendemos, pelo catecismo, que Deus está presente no céu, na terra e em todo lugar. Na experiência da caminhada do povo de Deus, revelada nas Escrituras, ele percebeu a manifestação de Deus de modo diverso, de formas e em lugares específicos. Deus é o mesmo, mas a percepção de suas manifestações é multiforme.

O volume que temos em mãos está inserido num grande projeto de formação bíblica sistemática, sobretudo para leigos. O Projeto Bíblia em Comunidade é formado por quatro séries, num total de 50 volumes.

A primeira série é a *Visão global da Bíblia.* Nela, encontramos as grandes etapas da história da salvação, que Deus realizou em favor do seu povo, situadas no contexto geográfico do Oriente Próximo. Em cada etapa da história, são apresentados os escritos bíblicos que, provavelmente, surgiram no contexto histórico de cada período.

A segunda série — *Teologias bíblicas* — mostra as diferentes intuições ou visões que o povo teve sobre Deus, como a Teologia do êxodo, a Teologia da aliança, a Teologia da graça, a Teologia da presença e outras. São, ao todo, 16 maneiras diferentes de perceber as manifestações de Deus na caminhada do povo de Deus.

A terceira série — *Palavra: forma e sentido* — ajuda a conhecer os diferentes gêneros literários presentes na Bíblia, como alegorias, fábulas, sagas, parábolas e tantos outros. Esses constituem, muitas vezes, a grande dificuldade para compreendermos e interpretarmos adequadamente o texto bíblico.

A quarta série — *Recursos pedagógicos* — vai ajudar os multiplicadores e as multiplicadoras da Palavra a dinamizar o estudo da Bíblia com dinâmicas de integração, de formação de grupos e de estudo para a *Visão global da Bíblia*. Para a segunda série — *Teologias bíblicas* — e a terceira série — *Palavra, forma e sentido* —, seguem sugestões de métodos de leitura e análise de textos significativos para cada tema, com a indicação de vídeos e filmes. O *Modelo de ajuda* facilitará muito ao multiplicador e à multiplicadora o autoconhecimento e de outros a fim de melhor se prepararem para o serviço da Palavra.

O texto que temos em mãos, *O Senhor está neste lugar e eu não sabia*, é uma ferramenta preciosa que vai nos ajudar a perceber, na experiência da vida e no decorrer da história do povo da Bíblia, as diferentes manifestações da presença de Deus. Como seres humanos, contingentes e limitados que somos diante de Deus, nunca chegaremos a compreender, definir e apreender a totalidade da presença de Deus, que se revela, no universo, às suas criaturas. O povo de Israel tinha essa consciência e, a partir da sua experiência, foi atribuindo a Deus qualidades e ações que o revelam como justo, misericordioso, bondoso, Pai, criador e tantos outros atributos.

O autor da obra, Jacil, nos apresenta, a partir do texto hebraico e da tradição de Israel, o significado do termo presença e as formas que fazem alusão à presença de Deus, a *Shechináh*. Já no primeiro capítulo aponta dois pressupostos: a imanência que significa "estar com", onde "não há necessidade de culto, de religião, porque já se beneficia da presença", enquanto a transcendência "é o que está além de, distinto, separado", e suscita a necessidade da religião, de cultuar. Nesse caso, o culto vem amenizar a saudade que a imanência deixou. Dessa experiência nasce a percepção de um Deus santo, justo e perfeito, e o ser humano não é digno de aproximar-se dele, necessitando de intermediários, como o Anjo do Senhor, que aparece tanto no Primeiro quanto no Segundo Testamento. "Assim, nas passagens bíblicas nas quais encontramos o Anjo do Senhor agindo, quem age, na realidade, é o próprio Senhor."

Com um olhar atento, o autor nos conduz, desde as primeiras páginas das Escrituras, a observar a presença de Deus que se revela na criação do céu e da terra, da mulher e do homem; faz aliança com os patriarcas Abraão, Isaac, Jacó; revela sua presença libertadora junto a Moisés e ao povo, sendo percebido numa grande multiplicidade de formas: na nuvem de fogo, na tenda do encontro, nas festas litúrgicas, no primeiro e no segundo Templo. O autor passa para o Segundo Testamento, levando-nos a perceber como Jesus retoma a perspectiva da presença de Deus no Templo e dele fala com respeito, como "casa de meu Pai". Após a sua morte, a comunidade cristã viu na sua pessoa, palavras e gestos, o novo lugar da manifestação da presença de Deus. Paulo vai além, "ele diz que cada membro da comunidade é Templo do Senhor, habitação do Senhor, e deve se comportar como tal". Apresenta, de forma paralela, como também a comunidade judaica, mesmo sem templo, volta-se para as palavras da Torá, dadas no Sinai.

De forma muito respeitosa, continua apresentando, paralelamente, a experiência da comunidade dos filhos de Israel, que tinha consciência de ser o lugar da proclamação da existência, da beleza e da grandeza de Deus. A comunidade cristã reconhece em si a presença de Jesus: "Onde dois ou mais estiverem reunidos, em meu nome, eu estarei no meio deles". Na comunidade de Israel é o Espírito de Deus que a prepara para o encontro com o seu Senhor, por meio de seus líderes: os juízes, os profetas, os reis, os sacerdotes e o próprio Messias. E a comunidade cristã o relê em Jesus, o Messias, o Enviado de Deus que é conduzido pela ação do Espírito.

Jacil conclui a obra com a presença de Jesus na Palavra e na Eucaristia, e nós temos esse legado que a comunidade cristã nos deixou após a morte de Jesus. Ela sentiu necessidade de fazer memória de suas palavras e de seus atos. Por isso, conta, reconta e escreve os ensinamentos e o testemunho de Jesus e organiza-se ao redor da sua Palavra, da certeza de sua presença como ressuscitado em seu meio e do culto eucarístico. Por fim, termina com a presença de Deus nos meios populares, as festas dos padroeiros e oratórios.

A linguagem do autor já é conhecida pela sua primeira obra: *Vós sereis o meu povo e eu serei o vosso Deus*. É agradável, acessível, aberta, e deixa sempre um gostinho de quero mais. Ao mergulhar nas páginas das Escrituras e oferecer-nos um prato abundante e substancioso, ameniza a nossa fome e sede da Palavra de Deus.

Romi Auth, fsp
Serviço de Animação Bíblica (SAB)

Introdução

A finalidade deste fascículo não é fazer reflexões teológicas ou dogmáticas sobre o que já se disse da experiência de Deus nas Escrituras e na Tradição. Aqui vamos simplesmente tentar percorrer o caminho do povo da Bíblia, perpassando-a toda, desde o Gênesis até o Apocalipse, olhando os textos mais significativos, tanto do Primeiro quanto do Segundo Testamento, que nos apontam para essa experiência da presença de Deus, feita pelos filhos e filhas de Israel e pelos discípulos e discípulas de Jesus.

Para isso, partiremos de um vocabulário específico utilizado, ao longo dos séculos, pelos escritores bíblicos e sábios do povo na expressão da presença de Deus. Serão observados as formas e os lugares dessa presença em toda a Bíblia e em alguns comentários, dos sábios tanto judeus quanto cristãos. No Segundo Testamento veremos a centralização de tudo na pessoa de Jesus, como o Lugar, por excelência, da presença de Deus. Posteriormente, após a experiência da ressurreição, os grupos cristãos nascentes vão dar grande valor à memória das palavras e feitos de Jesus e às celebrações eucarísticas. É na celebração da memória de Jesus que os primeiros cristãos continuam em sua presença: ele está vivo no meio deles.

Por último, vamos dar uma olhadinha em nossos meios populares. No passado nossa gente estava privada do acesso às Escrituras. Esse dado favoreceu o florescer de um mundo cultural muito intenso, de resistência e expressão religiosa. O povo do campo, afastado dos meios urbanos, onde se instalavam os centros paroquiais e comunidades religiosas, não ficou destituído da presença de Deus. Ela se dava, e se dá ainda hoje, em muitas regiões mediante os santos, as festas dos padroeiros, as folias de reis, as rezas do terço, os cantos de benditos, as procissões etc.

É para percorrer esse caminho que convido você!

Shechináh, Presença de Deus

O que significa a palavra Shechináh?[1]

Essa palavra, na língua hebraica, vem da raiz SH.CH.N. (SHaCHaN) e quer dizer habitar, demorar, morar, residir. Por essa razão, este vocábulo é usado pelos sábios judeus, no período do Segundo Templo, para designar a presença de Deus, lá onde ele se manifesta, mais precisamente na nuvem, na arca da aliança, na tenda do encontro e, posteriormente, no Templo.

Essa palavra, tal qual é mencionada aqui, não existe nas Escrituras. Ela surge, como mencionei antes, em textos dos sábios judeus, no início da era cristã, para designar a Presença de Deus no mundo. Nos comentários posteriores desses sábios, esse termo aparece designando a manifestação da presença de Deus em determinados lugares. Uma tradição muito antiga em Israel ensina: "Quando dois se sentam juntos e entre eles estão as Palavras da Torá, a *Shechináh* está presente".[2]

A experiência desta presença permeia todos os momentos e aspectos da vida cotidiana. Assim, quando as pessoas vivem em harmonia nos seus lares, a *Shechináh* aí se faz presente:

---

[1] Pronuncia-se "Cherriná".

[2] Mishna Avot III, 2

"Rabbi Akiba[3] fez o seguinte comentário: se um homem e sua mulher estão unidos, a *Shechináh* estará com eles".[4]

Isso é muito bonito e significativo, porque a relação de aliança entre Deus e Israel é comparada com a união conjugal dos que se amam. Daqui se conclui, como ensinamento didático, que podemos, com nossos atos, nos aproximar ou nos afastar de Deus.

Tem-se a consciência dos estreitos liames existentes entre a comunidade de Israel e seu Deus. Daí compreende-se que essa comunidade jamais se viu destituída da presença divina. Mesmo quando desce ao exílio, ela não desce só, mas a *Shechináh* a acompanha, conforta e sustenta:

> Em todo lugar onde Israel se encontra em exílio, a *Shechináh*, por assim dizer, se exilou com ele. Eles foram exilados no Egito, a *Shechináh* foi com eles [...], eles foram exilados na Babilônia, a *Shechináh* foi com eles. Eles foram exilados no país de Elam, a *Shechináh* foi com eles.[5]

É muito comum, nos escritos dos sábios sobre a presença de Deus, encontrarmos uma linguagem antropomórfica,[6] assim como nas Escrituras com relação ao próprio Deus. Essa linguagem antropomórfica se estende no que chamamos de atributos, já que aos humanos é dado falar de Deus a partir dos limites de sua compreensão, como veremos a seguir.

---

[3] Rabbi Akiba viveu e ensinou no início da era cristã. Ele morreu vítima do Império Romano no ano 150 d.C.

[4] Cf. Rabbi Akiba, Talmude da Babilônia, Sota 17a.

[5] Citado por Ephraïm E. Urbach em *Les sages d'Israël* (Paris, Cerf, 1996), p. 49.

[6] Atribuição a Deus de gestos que são próprios dos seres humanos. Exemplo: "Eles ouviram os passos do Senhor Deus, que passeava no jardim" (Gn 3,8).

Deus e seus atributos: como a presença é reconhecida pelo povo

Comumente, Deus é designado, nas Escrituras e na Tradição, pelos seus atributos. Atributo é aquilo que nós, homens e mulheres de fé, dizemos de Deus, a partir da experiência que fazemos dele. Assim, tanto a experiência como o vocabulário são humanos. Somos nós que experimentamos e damos nomes aos sentimentos de amor, de bondade, de justiça etc. Portanto, os exemplos de atributos de Deus que podemos citar são: misericordioso, bondoso, amoroso, justo, ou seja, todas as qualidades, bem como ações, que podemos atribuir a ele. A própria palavra "atributo" já diz tudo: aquilo que é atribuído a. Juntamente com o atributo vêm as suas ações na relação que se estabelece entre ele e o seu povo.

Percebemos nos textos bíblicos uma gama muito variada de nomes para falar do mesmo Deus. A partir daí se desenvolve, dentro da Tradição judaica, a compreensão de que cada nome de Deus revela uma qualidade, um atributo seu. Vejamos o texto que segue:

> O Santo, bendito, disse a Moisés: que buscas tu saber? Denominam-me em função dos meus atos. Às vezes eu me chamo El Shadai (Deus Todo-poderoso) ou Tseva'ot (Deus dos exércitos) ou Elohim (Deus) ou YHWH[7] (O Senhor). Quando julgo a humanidade, eu me chamo Elohim; quando faço a guerra aos ímpios, eu me chamo Tseva'ot; quando suspendo os pecados do homem, eu me chamo El Shadai; e quando

---

[7] YHWH é o nome de Deus revelado a Moisés em Ex 3,14. Daqui vem Yahweh, comumente utilizado entre os cristãos. Nos meios judaicos esse nome não é pronunciado: quando aparece no texto bíblico, ele é substituído na leitura por "Adonai", que significa "meu Senhor".

sou compassivo para com o meu mundo, eu me chamo YHWH.[8]

Essa compreensão de Deus e de suas ações nos liberta da concepção de um "Deus distante", porque nos coloca em relação com ele agindo mediante os seres humanos quando estes se comportam segundo a imitação de suas qualidades. É assim que podemos identificar e falar da presença ou da ausência de Deus. Se encontrarmos, por exemplo, pessoas ou circunstâncias nas quais percebemos justiça, misericórdia, amor e compaixão, dizemos que Deus está presente e faz-se experiência dessa presença.

---

[8] Texto palestinense proveniente de Rabbi Abba bar Memel, citado por Ephraïm E. Urbach, op. cit., p. 43.

1
O vocabulário da presença nas Escrituras e na Tradição de Israel

Imanência e transcendência

Imanência e transcendência são termos essenciais para falar da presença e da ausência de Deus, experimentadas pelo povo na Bíblia e na Tradição.

De forma bastante simplificada, vamos compreender "imanência" como "estar com". Podemos pensar na harmonia existente entre Criador e criatura, no início dos textos da criação. Eles estavam tão próximos que o homem e a mulher tinham dificuldades de saber se eles eram humanos ou divinos.[1]

Já o termo "transcendência" indica o contrário: o Criador se distingue da criatura e, por essa razão, distancia-se dela. Assim vamos compreender "transcendência" como a distância que se estabelece entre Deus e a sua criação. Ele é completamente outro com relação a ela. Transcendente é "o que está além de", "distinto", "separado".

---

[1] Cf. Gn 1–3, onde o ser humano, criado por Deus, é mostrado ignorante dos limites entre Criador e criatura.

Assim torna-se mais fácil compreender que nos textos do Gênesis, quando Criador e criatura estão juntos em harmonia no Jardim do Éden, é um tempo, uma expressão de imanência. Quando essa harmonia é quebrada pela ruptura que se estabelece entre, de um lado, o homem e a mulher, e, do outro, Deus, vem o afastamento, a transcendência.

Vale dizer que no estado de imanência não se tem a necessidade de culto, de religião, porque já se goza da presença, já se está na presença. Na transcendência, sim, tem-se a necessidade da religião, de cultuar. Justamente porque o termo "religião" significa "religar" e não se pode religar algo que não foi antes afastado, desligado. Nesse caso, o culto vem amenizar a saudade que a imanência deixou. É uma forma provisória de diminuir a dor da ausência de Deus, encontrando-se com ele por meio da oração, da prática dos seus mandamentos e das boas obras. É como uma carta que escrevemos para alguém que amamos e só o fazemos quando esse alguém está distante. Se ele está conosco, não há necessidade de nenhum bilhete ou carta. Diante desse quadro podemos compreender os textos bíblicos como cartas de amor de um povo com saudades de Deus.

No evangelho de Lucas temos uma passagem que ilustra muito bem isso. Nessa passagem, é feita a Jesus uma pergunta um tanto capciosa; o evangelista salienta então a presença e a ausência de Jesus, a presença e a ausência de Deus:

> Disseram-lhe então: "Os discípulos de João jejuam freqüentemente e recitam orações, os dos fariseus também, ao passo que os teus comem e bebem!". Jesus respondeu-lhes: "Acaso podeis fazer que os amigos do noivo jejuem enquanto o noivo está com eles? Dias virão, porém, em que o noivo lhes será tirado; e naqueles dias jejuarão" (Lc 5,33-35; paralelos em Mt 9,14-17 e Mc 2,18-22).

O Anjo do Senhor e a presença de Deus

No Primeiro Testamento

A expressão "o Anjo do Senhor",[2] bem como a figura do anjo nos textos bíblicos, tanto do Primeiro quanto do Segundo Testamento, aparece sempre que houver a necessidade de evitar antropomorfismos.[3] Os autores bíblicos temem apresentar Deus fazendo ações que são próprias dos seres humanos, por isso recorrem à figura do anjo. Assim, nas passagens bíblicas, nas quais encontramos o Anjo do Senhor agindo, quem age, na realidade, é o próprio Senhor.

Vejamos alguns exemplos mais significativos. No livro do Gênesis, quando Sarai, esposa de Abrão, expulsa de casa sua serva Agar, está escrito:

> [7]*O Anjo do Senhor* a encontrou perto de uma certa fonte no deserto [...] e ele disse: [8]"Agar, serva de Sarai, de onde vens e para onde vais?" [...] *O Anjo do Senhor* lhe disse: [9]"Volta para tua senhora e sê-lhe submissa [...] [10][...] Eu multiplicarei grandemente a tua descendência, de tal modo que não se poderá contá-la [...] [11][...] Estás grávida e darás à luz um filho e tu lhe darás o nome de Ismael, pois *o Senhor* ouviu tua aflição [...] [13][...] *Ao Senhor,* que lhe falou, Agar deu este nome: Tu és El-Roí[4] [...] (Gn 16,7-13).

---

[2] O termo "anjo", em hebraico *Mal'ach* (pronunciado 'mal'arr') e em grego *angelos*, significa mensageiro. Portanto, a expressão "anjo do Senhor" quer dizer simplesmente "mensageiro do Senhor". Na palavra "evangelho", que provém do grego (*evangelion*), já está incluído o termo *angelos*. O evangelho é então a notícia que o mensageiro traz. No princípio, esta notícia não era necessariamente de cunho religioso e, só depois, passou a ser usada pelos cristãos a serviço da mensagem do Senhor Jesus e do seu reino.

[3] Cf. nota n. 6 da introdução.

[4] El-Roí= Tu és o Deus que me vê.

Nesta passagem da história de Agar, o escritor diz, no início (v.7), que o Anjo do Senhor a encontra e dialoga com ela. Mas no final (v.11.13) ele diz que é o próprio Senhor que esteve presente.

Outro texto muito significativo, ainda no Gênesis, encontra-se no início do capítulo 18. Nesta passagem, Abraão recebe a visita de três homens:

> [1]*O Senhor* lhe apareceu no Carvalho de Mambré, quando ele estava sentado na entrada da tenda, no maior calor do dia. [2]Tendo levantado os olhos, eis que viu *três homens* de pé, perto dele; logo que *os viu* correu da entrada da tenda *ao seu encontro* e se prostrou por terra. [3]E disse: *"Meu Senhor,* eu te peço, se encontrei graça *a teus olhos*, não passes junto de *teu servo* sem te deteres" (Gn 18,1-3).

Vejamos como o narrador desse episódio procede. No v.1 ele diz que "o Senhor" aparece a Abraão. No v.2 diz que, levantando os olhos, Abraão viu "três homens", correu ao "seu encontro", e não ao "encontro deles", e se prostrou por terra, numa atitude de reverência. Na Bíblia, só se prostra por terra diante de Deus. No v.3, isso se torna ainda mais claro quando ele diz "meu Senhor", expressão usada para Deus e no singular. Na seqüência do texto, do v.6 em diante, a atitude de Abraão é de quem se apressa em prestar culto. Ele ordena preparar pães e um cordeiro. No v.9, o autor utiliza o plural com relação aos homens "Eles lhe perguntaram" por Sara e, em seguida, traz de volta a forma singular "Voltarei a ti no fim do ano e Sara tua mulher terá um filho", o que nos indica uma ação do próprio Senhor.

Esses homens, hóspedes de Abraão, são os mesmos que se dirigem para Sodoma. Abraão os encaminha, v.16. Na seqüência do mesmo livro segue a história da destruição de Sodoma com a presença de dois mensageiros (cap. 19).

[1]Ao anoitecer, quando *os dois anjos* chegaram a Sodoma, Ló estava sentado à porta da cidade. Logo que *os viu*, Ló se levantou *ao seu* encontro e *prostrou-se* com a face por terra. [2]E disse: "*Eu vos* peço, *meus senhores*! Descei à casa de vosso servo para aí passardes a noite e lavar-vos os pés"[...] [3]Tanto os instou que foram para sua casa e entraram. *Preparou-lhes uma refeição, fez cozer pães ázimos, e eles comeram* [...] [4]Os homens de Sodoma [...] [5]chamaram Ló e disseram: "Onde estão *os homens* que vieram para tua casa esta noite? Traze-os para que deles abusemos" [...] [11]Quanto aos homens que estavam na entrada da casa, *eles [os Anjos] os feriram* de cegueira [...] [12]*Os homens* disseram a Ló: [13]"*Vamos destruir* este lugar, pois é grande o grito que se ergueu contra eles diante *do Senhor* e *o Senhor nos enviou* para exterminá-los" [...] [18]Ló lhe respondeu: "Não, *meu Senhor*, eu te peço" [...] [23]Quando o sol se erguia sobre a terra e Ló entrou em Segor, [24]*o Senhor fez chover*, sobre Sodoma e Gomorra, enxofre e fogo vindos *do Senhor* [...] (Gn 19,1-24).

Nesse episódio, o procedimento do autor é semelhante ao antecedente. Começa-se falando de anjos e de homens, no plural, e termina-se falando do próprio Senhor, no singular. Vamos ao texto citado. No v.1 Ló vê dois anjos chegando. Como Abraão, também ele está sentado à entrada da cidade; também ele corre ao encontro dos Anjos, os faz entrar em sua casa e se apressa em servi-los. O autor mostra Ló vendo Anjos do Senhor, ao passo que os habitantes da cidade vêem homens passíveis de abuso v.5. Mas esses Anjos têm a missão de destruir Sodoma v.13. Daqui por diante, o autor deixa o plural utilizado para os Anjos ou homens e passa a utilizar o singular. No v.18 Ló responde "não, meu Senhor, eu te peço" e no v.24 lemos:

"O Senhor fez chover, sobre Sodoma e Gomorra, enxofre e fogo vindos do Senhor".

Em Gn 22 temos a passagem conhecida como o sacrifício de Abraão:

> [1][...] *Deus* pôs Abraão à prova e lhe disse: [...] [2]"Toma o teu filho [...] e vai à terra de Moriá e lá o oferecerás em holocausto sobre a montanha que eu *te* indicarei" [...] [9]Quando chegaram ao lugar que *Deus* lhe indicara, Abraão construiu o altar, dispôs a lenha, depois amarrou o seu filho e o colocou sobre o altar, em cima da lenha. [10]Abraão estendeu a mão e apanhou o cutelo para imolar o seu filho. [11]Mas o *Anjo do Senhor* o chamou do céu e disse: [...] [12]"Não estendas a mão contra o menino! [...] Agora sei que temes *a Deus*: tu não *me* recusaste teu filho, teu único" [...] [15]O *Anjo do Senhor* chamou uma segunda vez a Abraão, do céu, [16]dizendo: "Juro *por mim* mesmo, *palavra do Senhor,* [...] porque não *me* recusaste teu filho, teu único, [17]*eu te cumularei* de bênçãos, *eu te darei* uma posteridade tão numerosa quanto as estrelas do céu e quanto a areia que está na praia do mar, e tua posteridade conquistará a porta de teus inimigos. [18]Por tua posteridade serão abençoadas todas as nações da terra, porque tu *me* obedeceste" (Gn 22,1-18).

Também aqui, quem fala no início do capítulo é Deus (v.2.10). No v.11 já aparece a figura do Anjo do Senhor que chamou Abraão do céu. Mas, no final do v.12, o discurso volta para a primeira pessoa. O autor mostra Deus falando. Com efeito lemos: "Tu não me recusaste o teu filho". O pronome "me" indica que se trata do próprio Senhor. A partir do v.16 torna-se ainda mais claro que se trata de Deus, porque a bênção dada já nos é conhecida e só Deus pode abençoar.

O episódio do sonho de Jacó, em Gn 28, parece fugir um pouco dos exemplos citados. Jacó sonha com a escada ligando o céu com a terra. Os Anjos de Deus estão subindo e descendo por ela (v.12). E no v.13 lemos: "Eis que o Senhor estava de pé diante dele e lhe disse". Aqui não parece ter havido, do ponto de vista literário, uma troca da figura do Anjo pelo próprio Deus. Mas nota-se que a linguagem é clara e antropomórfica, sem rodeios. O autor fala de Deus em pé ao lado de Jacó. Há a reafirmação da bênção, característica da presença de Deus junto aos patriarcas.

[13]*Eu sou o Senhor*, o Deus de Abraão, teu pai, e o Deus de Isaac. A terra sobre a qual dormiste, eu a dou a ti e à tua descendência. [14]Tua descendência será numerosa como a poeira do solo, [...] todos os clãs da terra serão abençoados por ti e por tua descendência. [15]*Eu estou* contigo e *te* guardarei em todo lugar aonde fores e te reconduzirei a esta terra, porque *não te abandonarei* enquanto não tiver realizado o que *te* prometi (Gn 28,13-15).

Jacó, após acordar do sono, reconhece a presença de Deus e chama o lugar de "porta do céu" e de "casa de Deus" (v.17).

No capítulo 32, na narrativa do encontro e da luta de Jacó com Deus, o autor retoma o procedimento anterior. Ele não fala diretamente que Jacó se encontrou e lutou com Deus, mas diz no v.25: "E alguém[5] lutou com ele até surgir a aurora". Ora, mais adiante no texto, quando Jacó pede para ser abençoado, o leitor percebe realmente de quem se trata. Sabemos que neste caso só Deus pode abençoar. No v.29 torna-se claro quem esteve com Jacó: "Não te chamarás mais Jacó, mas Israel, porque foste forte contra Deus". Esse alguém não diz o seu nome. Mas, ao ser abençoado, Jacó, certo de que o próprio Deus havia estado ali com ele, dá ao lugar desse encontro o nome de

---

[5] No texto original hebraico em lugar de "alguém" temos *ISH*, isto é "um homem".

Peni-El (face de Deus) dizendo: "Eu vi a Deus face a face e a minha vida foi salva" (Gn 32,31).

Na história de José do Egito, temos também a figura de um homem misterioso que o orienta em direção a seus irmãos no deserto:

> [15]*Um homem* o encontrou errante pelos campos e *este homem* lhe perguntou: "Que procuras?" [16]Ele respondeu: "Procuro meus irmãos. Indica-me, por favor, onde apascentam seus rebanhos". [17]*O homem* disse: "Eles levantaram acampamento daqui; eu os ouvi dizer: vamos a Dotain". José partiu a procura de seus irmãos e os encontrou em Dotain (Gn 37,15-17).

Os sábios judeus vêem na figura desse homem o Anjo do Senhor. Com efeito, Rashi,[6] comentando o v.15, diz: "Este é [o Anjo] Gabriel como está dito: e o homem Gabriel" (Dn 9,21).

Esse homem, mostrado pelo autor bíblico como conhecedor do que está acontecendo, aponta para José como o abençoado, o protegido de Deus. Essa passagem já esboça a estada de José no Egito, indicando a presença de Deus junto a ele, mais tarde, na terra da escravidão. No momento da sua morte, José consola o seu povo, acendendo nele a esperança da visita orientadora, libertadora do seu Deus. Esta visita de Deus tiraria o povo da escravidão e o levaria em liberdade para a terra. Ele é o mesmo Deus que, nas Escrituras, assistiu Jacó e assiste todo justo e abençoado.

A figura do "Anjo do Senhor", segundo o caminho percorrido até aqui, é freqüentemente utilizada pelos autores bí-

---

[6] Rashi (Rabbi Salomão filho de Isaac) viveu numa comunidade judaica francesa na cidade de Troyes no século XII.

blicos para expressar a "presença do Senhor". Essa didática está presente em outros textos. Em Nm 22 e mais usualmente em todas as passagens relativas à saída do Egito, encontramos a expressão "Anjo do Senhor". Ela aparece nos contextos mais variados no Primeiro Testamento.[7]

O nome dos Anjos deve ser também levado em consideração. Ele designa sempre as ações, os feitos de Deus junto ao povo. Por exemplo, o nome Mickael (que se transformou em "Miguel" em português) significa "quem como Deus?".[8] Seu nome é uma interrogação: "quem como Deus" no combate contra o mal? Por isso, ele é o anjo do apocalipse, do combate do Bem contra o Mal, como figura no texto de Dn 10,13 e no Apocalipse de Jo 12,7.

Rafael (*RafaEL*),[9] Deus cura; é assim que encontramos Rafael na Bíblia e na tradição judaica e cristã. A referência mais clara da atuação desse anjo, nas Escrituras, encontra-se no livro de Tobit, onde ele sana a cegueira do próprio Tobit e liberta Sara dos ataques de Asmodeu, demônio que já lhe havia matado maridos. Curada, ela casa-se com o jovem Tobias, filho de Tobit, da casa de sua parentela.

O nome Gabriel significa o poder, a força de Deus.[10] Gabriel é o embaixador, por assim dizer, desses atributos de Deus. Na tradição cristã é ele quem visita Maria, a mãe de Jesus, em Nazaré.

---

[7] Ex 14,19; Nm 22,22.31; Jó 33,23; Tb 5,4-22; 12,15-21; Ez 40,3; Dn 10,13.

[8] Pronuncia-se "Mirrael". Em hebraico *Mi* = pronome interrogativo "quem"; *CKa* = comparativo "como" e *El* = Deus.

[9] A raiz dessa palavra *R. P. '.* corresponde ao verbo sarar, curar; *El* = Deus.

[10] Este nome é composto da raiz *G. B. R.*, que significa poder, força; *El* = Deus.

No Segundo Testamento

Tudo o que foi dito do Anjo do Senhor no Primeiro Testamento é igualmente válido para o Segundo Testamento. Para os escritores das comunidades cristãs primitivas, a presença dos Anjos indica também o próprio Deus presente. Nesse sentido, um dos textos mais significativo que temos nos evangelhos é a anunciação a Maria da encarnação do Verbo de Deus, pelo anjo Gabriel. Vejamos o texto:

[26]No sexto mês, *o Anjo Gabriel* foi enviado por Deus a uma cidade da Galiléia chamada Nazaré, [27]a uma virgem desposada com um varão chamado José, da casa de Davi; e o nome da virgem era Maria. [28]Entrando onde ela estava disse-lhe: "Alegra-te, cheia de graça, *o Senhor* está contigo!" [29]Ela ficou intrigada com essa palavra e pôs-se a pensar qual seria o significado da saudação. [30]O Anjo porém acrescentou: "Não temas, Maria! Encontraste graça *junto de Deus*. [31]Eis que conceberás em teu seio e darás à luz a um filho, e tu o chamarás com o nome de Jesus. [32]Ele será grande, será chamado Filho do Altíssimo, e o Senhor Deus lhe dará o trono de Davi, seu pai; [33]ele reinará na casa de Jacó para sempre e o seu reinado não terá fim". [34]Maria, porém, disse *ao Anjo*: "Como é que vai ser isso, se eu não conheço homem algum?" [35]*O Anjo* lhe respondeu: "*O Espírito Santo* virá sobre ti e *o poder do altíssimo* vai te cobrir com sua sombra; por isso o santo que nascer será chamado Filho de Deus. [36]Também Isabel, tua parenta, concebeu um filho na velhice, e este é o sexto mês para aquela que chamavam de estéril. [37]Para Deus, com efeito, nada é impossível". [38]Disse então Maria: "Eu sou *a serva do Senhor*; faça-se em mim segundo *a tua palavra!*" *E o Anjo* a deixou (Lc 1,26-38).

Há uma semelhança entre o texto de Lucas e os que vimos do Primeiro Testamento. Quando o autor do Gênesis mostra os encontros de Abraão e de Jacó com Deus, ele começa sempre falando do Anjo do Senhor e termina falando do próprio Deus. Também em Lucas, no início do texto, trata-se do Anjo Gabriel que visita Maria. Mas na seqüência, quando o Anjo se apresenta, é dito: "Entrando onde ela estava disse-lhe (o Anjo): 'Alegra-te, cheia de graça, o Senhor está contigo!'". O autor passa, de imediato, do Anjo para o Senhor. Quem visita é o Anjo, mas quem está com Maria é o Senhor. No final, Maria responde: "Faça-se em mim segundo a tua palavra". Podemos considerar ambígua esta expressão, porque "tua palavra" indica um discurso direto e diz respeito ao interlocutor presente. Assim, por um lado, podemos compreender "tua palavra" como sendo uma referência à palavra do Anjo que fala com ela. Por outro lado, podemos também compreender "tua palavra" como sendo a palavra do próprio Senhor, do qual ela é serva. Com efeito, "Eu sou a serva do *Senhor;* faça-se em mim segundo a *tua* palavra" (e não: "segundo a palavra *dele*"). No final, o autor retoma a linguagem do início, talvez, como já vimos, para evitar antropomorfismos, dizendo: "E o Anjo a deixou".

A segunda leitura proposta aqui não é decerto óbvia, mas ela nos leva ao íntimo de Maria: a "Anunciação" acontece no coração de Maria, nessa relação direta, íntima com o seu Senhor. A este, e não a um Anjo, ela responde "sim".

Na passagem Lucas nos mostra Deus visitando Maria por meio do Anjo Gabriel. Como já vimos, o nome Gabriel significa "poder de Deus". Assim, devemos compreender que quem visita Maria é o Poder, a Força de Deus, e quem vai cobri-la é o seu Espírito. Por isso, tanto a ação do Anjo quanto a do Espírito representam a ação e a presença do próprio Deus.

No Segundo Testamento, a expressão "Anjo do Senhor" é substituída às vezes por "Espírito Santo". Podemos observar esse procedimento também no texto do batismo de Jesus

(Lc 3,21-22),[11] bem como na tentação de Jesus no deserto (Lc 4,1-13).[12] Nesses textos é muito forte a presença do Espírito Santo. Na passagem do batismo de Jesus, o Espírito Santo é apresentado na forma corpórea de uma pomba (Lc 3,21-22). A figura da pomba tem algo em comum com a do Anjo e do Espírito de Deus na tradição bíblica.[13]

No texto da tentação de Jesus no deserto, o Espírito Santo é colocado mais uma vez juntamente com os anjos (Lc 4,1-13). No início da passagem é dito que Jesus volta do Jordão pleno do Espírito Santo e é por ele conduzido através do deserto (v.1). Aqui, o evangelista retoma o batismo de Jesus no rio Jordão; e citando Sl 91,11 mostra os Anjos novamente presentes: "Ele dará ordens aos seus anjos para que te guardem".

Mateus e Marcos acrescentam que quando o Demônio deixou Jesus, os anjos se aproximaram e o serviram. Assim encontramos a ação dos Anjos junto à do Espírito Santo (Mt 4,11; Mc 1,13).

Nos textos da ressurreição a linguagem varia de um evangelista para outro quanto à presença dos Anjos. Mateus e João utilizam o vocábulo "Anjo". Mateus diz que o *Anjo do Senhor* desceu do céu, removeu a pedra do sepulcro e falou às mulheres (Mt 28,2.5); João diz que Maria (de Magdala) viu *dois Anjos* vestidos de branco no lugar onde fora depositado o corpo de Jesus (Jo 20,11). Marcos não utiliza a palavra "Anjo",

---

[11] Paralelos em Mt 3,13-17; Mc 1,9-11; Jo 1,32-34.

[12] Com paralelos em Mt 4,1-11; Mc 1,12-13.

[13] Tanto o Anjo quanto a pomba são alados e descem do céu. Em Gn 1,2 está escrito que um vento (*Ruah*) de Deus "pairava" sobre as águas. No texto hebraico o verbo que temos para "pairava" é *merahefet*. Este é um verbo onomatopaico que insinua o som das asas de um pássaro quando voa. A palavra "Ruah" neste versículo é comumente traduzida por "Espírito". Se assim o é, pela primeira vez, na Bíblia, temos a insinuação do Espírito de Deus como um pássaro (no nosso caso, uma pomba).

diz que as mulheres viram *um jovem* vestido com uma túnica branca (Mc 16,5). Lucas diz que *dois homens* se postaram diante delas (das mulheres) com vestes fulgurantes (Lc 24,4). Não é de estranhar, pois o Primeiro Testamento utiliza a palavra *ISH* (homem) para designar a presença tanto de Deus quanto de um Anjo.[14]

Nos Atos dos Apóstolos, o mesmo vocabulário continua sendo usado, sobretudo na passagem dos discípulos para a nova etapa de vida, após a ressurreição. No momento da ascensão de Jesus, *dois homens*, vestidos de branco, mostram aos discípulos que é preciso continuar e esperar (At 1,10). Na seqüência temos sempre a assistência dos Anjos junto aos discípulos e apóstolos. Um bom exemplo é a passagem do encontro de Filipe com o eunuco da rainha *Candace* da Etiópia (At 8,26-40). O *Anjo do Senhor* conduz Filipe em direção ao eunuco. Filipe lhe explica as Escrituras até que ele peça para ser batizado. O mesmo Anjo livra Pedro da prisão de Herodes (At 12,7-11) e sustenta Paulo diante da presença de César (At 27,23).

Diante dessa seqüência de textos devemos, portanto, aternos simplesmente ao fato de que todos eles tratam da mesma realidade: da experiência que a comunidade cristã faz da ressurreição de Jesus e de sua presença viva no meio dela.

Concluindo esta parte, gostaria de recordar o valor simbólico dessa figura benfazeja que é o Anjo nas tradições judaica e cristã. O Anjo é realmente um intermediário entre o céu e a terra, entre o humano e o divino, entre o visível e o invisível. Ele é do céu e, ao mesmo tempo, nos visita na terra, não é nem homem nem Deus. Ele faz a intermediação entre os humanos e Deus. É invisível, mas os autores bíblicos podem recorrer a ele sempre que um receio de antropomorfismo surgir.

---

[14] Cf. Gn 37,15; 32,25.

É assim que, também nós, amamos o Anjo e desejamos sua presença. Não há quem queira se sentir desprotegido ou esquecido, e Deus de ninguém se esquece. Portanto, por todo lugar vemos essas figurinhas aladas, desde os altares das igrejas e objetos de culto, até as paredes de nossas casas, pingentes e portas de geladeiras: ternura de presença.

2
Formas e lugar da presença de Deus

As Escrituras são abertas com a presença forte de Deus, que cria o universo com tudo o que ele contém: "No princípio Deus criou o céu e a terra, [...] e o Espírito de Deus pairava sobre as águas" (Gn 1,1). Em seguida vem a criação do ser humano, homem e mulher: "Façamos o homem à nossa imagem como nossa semelhança" (Gn 1,26) e "Deus os abençoou e lhes disse: 'Sede fecundos e multiplicai-vos'" (Gn 1,28). Deus está presente em sua criação, como é dito: "Eles ouviram o passo de Deus que passeava no jardim" (Gn 3,8). Os atos de Deus, numa linguagem repleta de antropomorfismos, falam de sua presença nessas passagens.

Na Bíblia, essa presença de Deus é sentida, passo a passo, na história dos filhos de Israel, principalmente por meio da figura dos patriarcas e dos líderes do povo. Com os patriarcas, Deus estabelece alianças, faz promessas e aponta um caminho a ser seguido. Esse caminho vai se tornando cada vez mais significativo, até o momento central da revelação no Primeiro Testamento: o dom da Torá no Sinai. Esse dom gera, no povo, a consciência da presença de Deus e da sua relação para com ele. Durante a peregrinação para a terra prometida Deus aponta tempos e lugar de encontro com o seu povo.

Presença e aliança

Os textos mais significativos relacionados às alianças de Deus com o povo são três. No primeiro, Gn 9,7-17, Deus garante uma conservação da humanidade por meio de Noé. Noé é um elo, ponte entre um mundo que deve ser destruído e outro que deve continuar. Deus promete não mais destruir o mundo com dilúvio, e lembrar-se da aliança. Essas promessas, juntamente com o arco-íris como sinal da aliança, indicam traços da presença de Deus.

No segundo texto, Gn 15, temos entre Deus e Abrão um tratado de aliança em moldes comuns da época. Era feito um ritual, no qual as partes contratantes passavam entre metades de animais, divididos ao meio, e juravam fidelidade. É nesse sentido que vamos entender o versículo: "Quando o sol se pôs e estenderam-se as trevas, eis que uma fogueira fumegante e uma tocha de fogo passaram entre os animais divididos" (Gn 15,17). É muito provável que, neste texto, o escritor bíblico esteja realmente falando da presença viva de Deus, na imagem desse fogo que passa. Abrão é mostrado passando, segundo o costume. E Deus? Diante dessa dificuldade, o autor bíblico mostra a tocha de fogo também passando, da mesma forma que Abrão. O leitor deve "ver" e sentir que Deus também passou. Por isso, logo em seguida, no v.18 está escrito: "Naquele dia o Senhor estabeleceu uma aliança com Abrão".

No terceiro texto, Ex 24,1-11, encontramos a passagem mais significativa sobre presença de Deus e aliança. Aqui, trata-se da aliança estabelecida entre Deus e o povo mediante o consenso pronunciado pela comunidade reunida. É impressionante a força da presença de Deus nessa passagem. A primeira expressão dessa presença aparece já no v.1: "Ele disse a Moisés". Moisés ouviu as suas palavras e as transmitiu ao povo (v.3). Na certeza dessa presença, um altar é construído (v.4).

Nessa mesma certeza, após ouvir as palavras, o povo responde: "Tudo o que o *Senhor falou*, nós o faremos e obedeceremos". Olhe o v.10: "Eles viram o Deus de Israel" e v.11: "Eles contemplaram a Deus, depois comeram e beberam". Todo esse vocabulário, também antropomórfico, aponta-nos diretamente para a compreensão de uma experiência da presença de Deus feita pelo povo de Israel. Dito isso, como referência aos textos ligados às alianças, passamos agora a ver outras passagens dentro do Pentateuco concernentes à manifestação da presença de Deus.[1]

Os patriarcas e a presença de Deus

Até aqui foi falado de Noé, Abrão e Moisés num contexto de aliança. Agora vamos nos ocupar das passagens que mostram a presença de Deus junto aos patriarcas, incluindo Isaac e Jacó. Os escritores bíblicos descrevem-nos constantemente numa relação estreita com Deus. Essa relação está diretamente ligada à eleição e à aliança, bem como à bênção delas proveniente.

No livro do Gn 18,1-15, como já vimos, três homens visitam Abraão no Carvalho de Mambré. De lá, eles partem para Sodoma a fim de destruí-la, mas é dito que "o Senhor se mantém ao lado de Abraão" (18,22).

Isaac, no capítulo 26 do Gênesis, tentou várias vezes encontrar água para sua subsistência, mas, sempre que encontrava, o terreno já pertencia a alguém. Finalmente, encontrou um lugar livre onde ele pudesse cavar um poço sem conflitos. Então ele disse: "Agora YHWH (o Senhor) nos deu o campo livre para que prosperemos na terra" (Gn 26,22b). Conta-se

---

[1] Essa seqüência de textos sobre a aliança no Pentateuco Gn 9,7-17; 15; Ex 24,1-11 foi mais detalhadamente trabalhada no fascículo 2 das Teologias bíblicas, sobre a Teologia da aliança, *Vós sereis o meu povo e eu serei o vosso Deus* (São Paulo, Paulinas, 2004), pp. 41-58, desta mesma coleção.

que, depois disso, Isaac subiu para Beersheva e que ali YHWH (o Senhor) lhe apareceu dizendo: "Eu sou o Deus de teu pai Abraão. Nada temas, pois estou contigo. Eu te abençoarei, multiplicarei tua posteridade em consideração ao meu servo Abraão" (Gn 26,23-24).

Jacó, deixando Beersheva em direção a Harã, foi surpreendido pela noite num certo lugar. Dormiu nesse lugar e à noite sonhou com uma escada que ligava o céu com a terra e, de forma muito semelhante à de Isaac, ouviu Deus que dizia: "Eu estou contigo e te guardarei em todo lugar". Ele reconhece a presença de Deus e chama o lugar de "casa de Deus" e "porta do céu" (Gn 28,10-22).

Deus aparece novamente a Jacó, confirma o seu nome, a bênção e a grandeza da nação que sairá de suas entranhas. Jacó erige uma estela[2] no lugar e o chama de Bet-El, isto é, casa de Deus (35,9-15). Deus pede a Jacó para não ter medo de descer ao Egito, prometendo estar presente: "Eu descerei contigo ao Egito, eu te farei voltar" (Gn 46,1-5). Provavelmente, é nesse mesmo sentido que o escritor bíblico nos mostra José, portador da mesma bênção, dizendo a seus irmãos no Egito: "Eu vou morrer, mas Deus vos visitará e vos fará subir deste país para a terra que ele prometeu [...]; quando Deus vos visitar, levareis os meus ossos daqui" (Gn 50,24-25).

Gostaria de chamar a atenção para alguns pontos importantes. Primeiro, Abraão, Isaac e Jacó são os pilares da formação do povo; segundo, a bênção de Deus é a mesma que sempre os acompanha, passando de pai para filho. Essa bênção que está com Abraão (Gn 12,1-3) é a mesma bênção que é transmitida a Isaac (Gn 26,23-24); Isaac abençoa Jacó, seu filho, com a mesma bênção (Gn 27,27-29). O autor do Gênesis confirma

---

[2] Bloco de pedra erigido como monumento.

tudo isso, quando nos mostra Deus dizendo a Jacó o mesmo que já havia dito a Abraão e a Isaac:

> [14]A tua descendência será numerosa como poeira do solo [...] todos os clãs da terra serão abençoados por ti e por tua descendência. [15]Eu estou contigo e te guardarei em todo lugar, aonde fores, e te reconduzirei a esta terra, porque não te abandonarei enquanto não tiver cumprido o que prometi (Gn 28).

O nome de Jacó será mudado, pelo próprio Deus, para Israel (Gn 32,29). Essa mudança de nome corresponde, em primeiro lugar, a uma passagem do indivíduo para o coletivo. É a passagem do homem Jacó para a multidão incontável dos seus filhos. Assim, a bênção passa do indivíduo Jacó para o coletivo Israel. Mais adiante, trataremos melhor dessa questão, quando abordarmos o tema da comunidade como lugar da presença.

Moisés e a presença de Deus no livro do Êxodo

A figura de Moisés nas Escrituras está perfeitamente inserida na história do povo. Ele é o agente importante na eleição, na aliança, na revelação, bem como na escravidão e na libertação do seu povo: na escravidão porque ele nasce no seio de um povo escravo; e na libertação porque ele é escolhido por Deus para conduzir o povo para a terra. Nesse sentido, no livro do Êxodo, podemos priorizar as seguintes passagens:

a) Deus se manifesta a Moisés na sarça, revela o seu nome e promete estar presente junto ao faraó (Ex 3,1-15).

b) Deus aparece novamente a Moisés e quer fazê-lo perecer, por causa da falta da circuncisão (Ex 4,24-26).

c) Deus fala a Moisés afirmando a aliança com os patriarcas e prometendo, pela lembrança da mesma aliança, tirar o povo da escravidão. Ele o envia diante do faraó em função da libertação do povo. A sua vocação está intimamente ligada à eleição e à aliança, às promessas feitas aos patriarcas. Esta vocação está também ligada à identidade do povo e de Deus. Também Deus tem um nome que é revelado (Ex 6,1-13).

d) O Senhor, por causa dessa identidade, passará no meio do Egito e distinguirá entre Israel e os egípcios (Ex 11,4-10; 13,21).

e) Deus, conforme o prometido, vai junto com o povo. Ele está sempre presente na coluna de nuvem e de fogo e jamais se retira (Ex 11,21-22).

f) O Anjo do Senhor protege Israel (Ex 14,19).

g) Os egípcios querem fugir da presença do Senhor (Ex 14,25).

h) Deus desce sobre a montanha do Sinai e fala com Moisés (Ex 19,20).

i) O povo assusta-se com a presença de Deus e pede para Moisés falar em seu lugar (Ex 20,18-21).

j) Deus encontra-se com Moisés na Tenda do Encontro, sob a Nuvem (Ex 33,7-11).

k) Fala-se de um lugar junto a Deus sobre a rocha, onde a sua glória passa (Ex 33,21-22).

l) Deus tomou posse do lugar e continuou presente, depois que Moisés acabou de construir a habitação e aí depositou o testemunho da arca, conforme Deus mesmo havia ordenado (Ex 40,16-38; 20,18-21).

Podemos observar que a narração, na pena dos autores, vai se desenvolvendo sempre num "crescendo". Eles vão empenhando-se em mostrar a relação de Deus com o povo eleito

(Israel) em face dos não-eleitos (os egípcios). Para eles, a presença de Deus junto de Israel é tão palpável que mesmo o faraó e todos os egípcios a percebem. Essa presença arrebata Israel das garras do opressor e o reconduz à terra da liberdade.

Assim como no livro do Êxodo, também no livro dos Números, do Levítico e do Deuteronômio encontramos algumas passagens significativas sobre a presença de Deus.

No livro dos Números, a Tenda do Encontro é o lugar onde Deus e a comunidade se encontram (Nm 5,1-34; 5,18; 11,16-17.24-25; 16,16-19). Outra passagem que nos fala fortemente da presença de Deus, ainda neste livro, é o episódio da serpente de bronze. Deus manda Moisés construí-la para livrar os israelitas das mortes causadas pelas picadas das serpentes, no deserto (Nm 21,8-9).

A presença de Deus em meio ao povo, como essas passagens vistas indicam, é uma presença salvadora. Ela é a certeza da vitória sobre as forças de morte que assolam a comunidade, é a esperança de continuidade da vida.

As festas litúrgicas: tempo do encontro

No livro do Levítico, um outro dado muito significativo chama a atenção do leitor: a importância dada às festas e solenidades. Com efeito, mais adiante lemos: "Fala aos filhos de Israel; dize-lhes: as solenidades, às quais os convocareis, são as minhas santas assembléias" (Lv 23,2). À primeira vista, o texto parece não ter muito a ver com a questão da presença. Mas se tomarmos as festas litúrgicas, sobretudo as de peregrinação, como ocasião de encontro dos peregrinos com Deus, veremos que esse é um dos textos mais vivos e importantes da Escritura para a comunidade dos filhos de Israel, como manifestação da presença de Deus. A passagem que acabamos de ver deve ser lida em consonância com outro texto do Deuteronômio:

> Três vezes por ano todo varão deve comparecer diante do Senhor teu Deus, no lugar em que ele houver escolhido: na festa dos Ázimos (*Pessah*), na festa das Semanas (*Shavu'ot*) e na festa das Tendas (*Sukkot*) (Dt 16,16).

Essas festas animavam o povo a subir, de onde estava, para Jerusalém, onde se achava o Templo, o lugar escolhido por Deus, como expressa Dt 16,16. Aqui está em jogo a festa como "Tempo Litúrgico" e o Templo como lugar da habitação de Deus e, por conseqüência, da sua presença. Portanto, devemos compreender a ida ao Templo como encontro com Deus. Todo membro da comunidade deve ir até ele para ver Deus e para ser visto por ele.[3] Os Salmos de subida (Sl 120–134) atestam esse caráter de encontro dos fiéis com Deus, por ocasião das festas de peregrinação.

As festas de peregrinação estão ligadas diretamente à aliança de Israel com Deus e de Deus com o povo, como expressa o livro do Levítico: "Estabelecerei minha habitação no meio de vós e não vos rejeitarei jamais. Estarei no meio de vós, serei o vosso Deus e vós sereis o meu povo" (Lv 26,11-12). Essa passagem é de grande importância, porque liga o lugar da presença de Deus à sua aliança. Deus faz aliança e habita no meio da comunidade. Nesse sentido, as peregrinações para o Templo em Jerusalém tornam-se ocasiões de encontro do povo com Deus. As frases "Estabelecerei minha habitação no meio de vós" e "Estarei no meio de vós" são plenas de significado, tanto para os judeus como para os cristãos. Essa passagem é

---

[3] *Sifrê sobre Dt 16,16*, pp. 195-196.

relida pelos escritores do Segundo Testamento em função da encarnação do Verbo.[4]

O livro do Deuteronômio insiste em apresentar o lugar do culto como sendo indicado pelo próprio Deus (Dt 12,4-5.11; 6,2.5-6; 31,6-8). No final de sua redação, o autor, que sempre mostrou a presença de Deus ao lado de Moisés, dá a entender que sua morte foi um repousar nos braços de Deus. Os sábios judeus vão aqui escrutar o versículo para fazer jorrar, desvelar um sentido novo. O sentido tradicional é: "E Moisés [...] morreu [...] conforme (*al-pi,* em hebraico) o Senhor" (Dt 34,5). Lendo ao pé da letra, porém, pode se entender o hebraico *al-pi* como sendo "sobre a boca". O comentador Rashi, retomando interpretações antigas, não hesita em afirmar: "Moisés morreu num beijo de Deus":[5] presença amorosa.

Deus conosco: *Emanu-El*

Segundo as Escrituras, existe um desejo, tanto da parte de Deus como da parte do povo, de encontro e de união mútuos. Esse desejo mútuo pode ser resumido assim: a comunidade busca viver a vida de Deus o qual, por sua vez, também quer viver a vida da comunidade. Com efeito, o profeta diz: "Pois sabeis que o Senhor mesmo vos dará um sinal: eis que a jovem concebeu e dará à luz um filho e pôr-lhe-á o nome de *Emanu-El*" (Is 7,14).

O evangelista Mateus retoma essa passagem de Isaías, traduz, explica a expressão *Emanu-El*[6] da língua hebraica "Deus-conosco" para falar de Jesus, como presença de Deus

---

[4] Cf. Jo 1,14ss.

[5] Cf. comentário de Rashi sobre Dt 34,5.

[6] *Im* = com, '*anu* = nós (nosco), '*EL* = Deus.

(Mt 1,23). Talvez esse seja o passo mais importante a ser dado para adentrarmos no mistério da Encarnação do Verbo, marca central na experiência da presença de Deus para a comunidade cristã.

Ora, a compreensão que temos acerca dessa realidade, já expressa nos relatos da criação, é de que existem dois mundos: o superior, morada de Deus e dos seus Anjos, e o inferior, morada dos homens e de todos os seres criados. O vocabulário usado já indica o alto e o baixo e, conseqüentemente, a distância intransponível que se estabelece entre eles. É essa distância que preocupa tanto o povo quanto Deus.[7] Diante disso, vamos encontrar tanto nas Escrituras quanto na Tradição, uma busca mútua de aproximação. Deus se revela ao povo eleito por ele, faz com ele aliança e este responde com o culto e prática das cláusulas da aliança, dos mandamentos.[8] Nesse sentido pode ser introduzido o tema da descida de Deus.

Descida de Deus no Pentateuco

Algumas passagens no Primeiro Testamento nos mostram bem claro esse movimento de Deus que se abaixa, desce para entrar em contato com sua criação e criaturas. Vejamos, por exemplo, o relato da Torre de Babel[9] em Gn 11. No v.5

---

[7] Essa distância entre Deus e os homens é indicada, como já vimos, pelo termo transcendência; a proximidade e a harmonia, pelo termo imanência.

[8] Lemos em Dt 29,28: "As coisas escondidas pertencem ao Senhor nosso Deus; as coisas reveladas, porém, pertencem a nós e aos nossos filhos para sempre, para que ponhamos em prática todas as palavras desta Lei".

[9] A palavra hebraica *BaBeL* significa confusão, desordem. Com efeito, em Gn 11,9 está escrito: "Deu-se-lhe por isso o nome de Babel, pois foi lá que o Senhor confundiu a linguagem de todos os habitantes da terra e foi lá que ele os dispersou sobre a face da terra". Por conseqüência, o lugar onde os filhos de Israel vão ser exilados traz o mesmo nome. Babilônia em hebraico é *BaBeL*, lugar da desordem, da confusão, da dispersão, da falta de liberdade, da escravidão.

lemos: "O Senhor desceu para ver a cidade e a torre que os homens tinham construído", e no v.7: "Vinde! Desçamos!". Outra passagem significativa está em Ex 3,7-8: "[...] eu vi a miséria do meu povo que está no Egito; [...] ouvi o seu clamor; [...] por isso desci a fim de libertá-lo da mão dos egípcios". Em Ex 19,11 lemos: "[...] depois de amanhã o Senhor descerá aos olhos de todo o povo sobre a montanha do Sinai". O v.18 diz: "Toda montanha fumegava, porque o Senhor descera sobre ela", e o v.20: "O Senhor desceu sobre a montanha do Sinai". E ainda em Ex 34,5: "O Senhor desceu na nuvem e ali estava junto dele (de Moisés)".

O verbo "descer" usado para Deus reflete o fato de sua criação ser compreendida como dividida, como vimos anteriormente, em dois mundos distintos: o superior, morada de Deus e dos seus Anjos, e o inferior, criação, morada das criaturas. Essa realidade perpassa as Escrituras e faz-se presente no Segundo Testamento, onde esse modo de compreender a criação de Deus aparece, sobretudo nos escritos do evangelista João. Ele mostra Jesus diante de Pilatos dizendo "o meu reino não é deste mundo" (Jo 18,36). O fato de Deus descer indica, como nas alianças, a sua iniciativa gratuita de entrar em contato com a sua criação, de se relacionar com ela. É ele que ama e quer fazer-se presente, como veremos, a seguir, tratando da Tenda do Encontro.

Presença de Deus no Santuário

Na Tenda do Encontro

Quanto à Tenda do Encontro, o lugar da presença de Deus no deserto, lemos em Ex 33,9: "Quando Moisés entrava para a Tenda, *baixava* uma coluna de nuvem [...] e ele falava com Moisés". E em Ex 34,5: "O Senhor *desceu* na nuvem e ali esteve junto dele (de Moisés)". Aqui, depois dessas duas citações, seria melhor voltar aos capítulos 5 e 6 do Êxodo e lê-los atentamente, porque se trata realmente do lugar da presença de Deus. A marcação do lugar e a construção da habitação é uma ordem sua (Ex 25,8-9) e expressa o seu querer: permanecer no meio do povo. A Tenda passa a ser o lugar do encontro entre Deus e o povo. É de lá que sairão todas as orientações para a comunidade dos filhos de Israel Ex 25,22. A Tenda encontra-se em Lv 1,1 nesse mesmo sentido. Ela é construída por Moisés (Ex 33,7-11; Nm 7,1). Essa mesma Tenda foi transferida para Silo com a mesma função (Js 18,1) e como etapa última encontramo-la estabelecida por Davi em Jerusalém (2Sm 6,1).

É importante frisar que a Tenda está sempre vinculada à glória de Deus. Antes havíamos lido que a glória de Deus está no Monte Sinai, quando ele aí se faz presente (Ex 24,16-18.19). Agora essa glória faz-se presente na Tenda do Encontro (Ex 40,34). Essa presença de Deus na Tenda do Encontro é especial, específica, diferentemente da sua presença em outros lugares da sua criação. Essa compreensão auxilia na abordagem das outras modalidades de presença, principalmente a do Templo.

No Primeiro Templo

O Primeiro Templo deveria ser construído pelo rei Davi. Mas o profeta Natan lhe diz que o seu filho, o rei Salomão, será quem o construirá (2Sm 7,12-13). Este texto de 2 Samuel não menciona o nome de Salomão, fala simplesmente da descendência de Davi. O autor de 1 Crônicas,[10] no capítulo 22, diz que Davi fez os preparativos para a construção do Templo, mas quem o constrói é seu filho Salomão. No mesmo capítulo lemos:

---

[10] O capítulo 22 de 1 Crônicas é um *midrash* (leitura interpretativa) do capítulo 7 de 2 Samuel.

⁷Davi disse a Salomão: Estava nos meus planos construir *uma casa para o nome do Senhor,* meu Deus. ⁸Mas a palavra do Senhor me foi dirigida: tu derramaste muito sangue e travaste grandes batalhas; *tu não construirás uma casa ao meu nome, pois derramaste muito sangue sobre a terra, diante de mim.* ⁹Eis que te nasceu um filho; ele será *um homem de paz e dar-lhe-ei a paz com todos os seus inimigos ao redor, pois Salomão será o seu nome e é em seus dias que darei a Israel paz* e tranqüilidade. ¹⁰Ele construirá uma casa a meu nome; será para mim um filho e eu serei para ele um pai; *firmarei para sempre o trono* de sua realeza sobre Israel (1Cr 22,7-10).

Assim, o primeiro Templo foi construído sobre o Monte Moriá,[11] pelo rei Salomão por volta de 960 a.E.C. e destruído pelos babilônios (Nabucodonosor) por volta de 586 a.E.C.

Observaremos as seguintes pontuações:

a) A casa a ser construída é para *o nome de Deus* (1Cr 22,7).

b) Esta casa é *lugar de paz.* Davi, por ter sido violento, não pode construí-la (1Cr 22,8).

c) Salomão[12] é um *homem de paz, por isso gerará a paz,* sem a necessidade de eliminar os seus inimigos, pois é dito: "Dar-lhe-ei a paz com todos os seus inimigos ao redor" (1Cr 22,9); Salomão construirá o Templo e o seu trono será firmado para sempre (1Cr 22,10).

Separando assim as frases, torna-se fácil identificar o reino de Salomão com o reino messiânico. Ele é filho de Davi, que, por sua vez, vem da tribo de Judá. Em Gn 49,8-11 temos a

---

[11] Segundo a tradição bíblica, o Monte Moriá é o mesmo monte sobre o qual Abraão sacrificaria o seu filho Isaac.

[12] O nome "Salomão" em hebraico é *Shelomoh*. Este nome vem da raiz *SH.L.M.*, que forma a palavra *shalom* = paz e *shalem* = inteiro, completo.

bênção do patriarca Jacó à tribo de Judá. O que é dito a Judá, sobretudo a respeito do reino sem fim, é dito também a Salomão. Todos esses motivos passam a fazer parte da figura do Messias e do tempo messiânico depois do exílio da Babilônia, e estão todos presentes nos evangelhos, em torno da pessoa de Jesus.

Por essa razão, o Templo torna-se o lugar de paz e de encontro não somente para Israel, mas para todas as nações da terra. Portanto, quando falamos do lugar da presença de Deus é preciso conferir a esse lugar o *status* de "o mais alto", isto é, o mais significativo de todos os lugares: a habitação do Deus altíssimo. Assim, temos o lugar mais alto para a habitação do altíssimo. O Templo é o ponto de encontro entre o céu e a terra. Ele atesta o caráter transcendente de Deus, que quer amenizar a distância entre ele e o seu mundo, quer abaixar-se e fazer-se presente. Esse ponto é importantíssimo para compreender a teologia paulina do abaixamento e esvaziamento do Filho de Deus.[13]

A oração de Salomão nos revela a grandeza dessa compreensão:

> [27]Mas será verdade que Deus habita com os homens nesta terra? Se os céus e os céus dos céus não te podem conter, muito menos esta casa que construí. [...] [29]Que os teus olhos estejam abertos dia e noite sobre esta casa, sobre este lugar do qual disseste: "Meu nome estará lá". Ouve a prece que teu servo fará neste lugar (1Rs 8,27.29).

Salomão proclama um Deus grande, para além de tudo, transcendendo tudo; a questão da manifestação daquele que é infinito no finito aparece quando ele diz que nem todo o uni-

---

[13] Cf. Fl 2,6-8; Cl 1,15-20.

verso pode contê-lo, muito menos uma casa construída por mãos humanas (1Rs 8,27). O texto afirma a presença de Deus no Templo, como já vimos, pelo *Nome* e pelos *Olhos* que estarão sempre abertos, nesta casa, dia e noite (1Rs 8,29). Na seqüência do texto citado, os v.30.32.39.43 e 49 insistem em dizer que Deus habita no céu e, de lá, ouve as súplicas e orações. Alguns autores acham que essa maneira de dizer evita o perigo de um antropomorfismo exagerado, bem como uma compreensão mágica da presença de Deus e do lugar de sua habitação.

Retomemos a questão do Templo. Ele era lugar de encontro em três dimensões para quem lá subia: consigo mesmo, com a comunidade e com Deus. Nele, Deus vê a comunidade e ela o vê. Nesse sentido o verbo "ver" adquire um valor existencial das duas presenças: a de Deus e do povo. Eles se contemplam: "Três vezes por ano todo varão verá a face do Senhor (ou: será visto pela face do Senhor)".[14] Voltamos a afirmar aqui que o Templo, como lugar da presença, é onde a criatura vê o seu criador e é vista por ele. Em Ex 24,10 lemos: "Eles viram o Deus de Israel"; em Ex 24,11: "Eles contemplaram a Deus e depois comeram e beberam"; e no v. 17: "O aspecto da glória do Senhor era, aos olhos dos filhos de Israel, como um fogo consumidor".

Também o profeta Isaías, no capítulo 6, nos narra a sua visão de Deus. Essa experiência do profeta passa-se no Templo. É lá que ele habita, é lá que ele vai ser visto. Na descrição de sua visão de Deus, o profeta reúne o aspecto da presença — "sua veste enchia o santuário" (Is 6,1) — e o aspecto da glória — "a sua glória enche toda a terra" (Is 6,3). Também o profeta Ezequiel, no capítulo 10, constrói a sua mensagem centrada no

---

[14] A força do verbo "ver" é tal que o hebraico a atenuou modificando as vogais. A forma verbal *yir'e* (= verá) foi vocalizada *yera'e* (= será visto). O mesmo aconteceu em Ex 23,17 para evitar o antropomorfismo.

Templo. Do capítulo 40 em diante, tudo gira em torno da presença de Deus e de sua glória no Templo.

Passemos agora ao Segundo Templo, dentro dessas mesmas dimensões que vão nos orientar em direção à pessoa de Jesus e aos escritos do Segundo Testamento.

No Segundo Templo

Após cerca de 70 anos da destruição do Primeiro Templo, houve uma nova iniciativa de retomar a sua reconstrução. Essa iniciativa segue o decreto de Ciro que autoriza o retorno dos judeus à sua terra. Assim se deu e o Segundo Templo foi consagrado em Jerusalém por volta de 515 a.E.C., na época de Esdras e Neemias, e retomou o seu *status* central na história do povo. O Segundo Templo foi destruído pelos romanos sob o comando do imperador Tito no ano 70 E.C.

Aconteceu que o monarca selêucida Antíoco IV, durante o período de sua invasão, profanou o Templo com cultos pagãos, o que valeu a revolta dos macabeus sob o comando de Judas Macabeu. O Templo foi então recuperado e consagrado por volta do ano 164 a.E.C.[15]

---

[15] Cf. 1Mc 4,36-61. Daqui nasce a festa judaica de Chanukáh (dedicação), ou festa das luzes que é celebrada de 25 do mês Kislev a 2 do mês de Tevet (que corresponde ao fim de dezembro e início de janeiro). A festa dura oito dias e celebra a dedicação do Templo e do altar profanados pelos gregos. A cada noite da festa se acende mais uma chama do candelabro. São oito chamas, mais uma suplementar para acender as outras. Conta-se que quando os judeus entraram no Templo profanado encontraram o grande candelabro apagado e um pequeno frasco com óleo suficiente apenas para algumas horas de iluminação. Mesmo assim, acenderam o candelabro, que com esse pouco de óleo ficou aceso oito dias, tempo necessário para o preparo de um novo óleo. Diante disso disseram: um grande milagre houve aqui. Daqui vem o costume de cada família expor o candelabro, durante as noites da festa, na janela de sua casa. Este gesto é para testemunhar a luz que brilhou num tempo de escuridão.

O que nos interessa realmente, além desses aspectos técnicos e informativos sobre o Templo, é a questão da presença de Deus nele e sua função como ponto de união do povo, lugar de encontro. Para a comunidade dos filhos de Israel, como estamos vendo, o Templo é esse lugar da presença de Deus: uma modalidade especial de presença. Todavia, essa presença de Deus nele não elimina as outras modalidades de presença fora dele: na Torá, nas pessoas e em outros lugares da sua criação. Acredita-se que nenhum lugar do mundo está vazio da presença. Mas no Templo ela se dá, se manifesta, de maneira singular. Os sábios judeus comparam a Tenda do Encontro e o Templo a

> uma gruta situada perto do mar. O mar, tornando-se turbulento, inunda a gruta. A gruta se enche de água e, no entanto, o mar não é diminuído. Da mesma forma, a Tenda (o Templo) ficou plena do esplendor da presença, e no entanto, o mundo não ficou privado de nenhuma parte da presença.[16]

Veremos, em seguida, que os evangelistas reconhecem e atestam essa presença e, só por essa razão, podem apresentar Jesus de Nazaré como o lugar dela, no seio da comunidade cristã.

---

[16] Citado por Ephraïm Urbach, Lês sages d'Israel (Paris, Cerf, 1996), p. 52.

3
Presença e pessoa de Jesus

Convite a um olhar diferente

Temos uma tendência, ainda em nossos dias, a apresentar de maneira negativa o Templo com seus rituais e sacrifícios sangrentos. Nessa maneira de ver, o Templo representa a forma arcaica de vida judaica, que deve ser eliminada para dar início à nova era cristã, inaugurada por Cristo. Convidamos a um olhar diferente. Não queremos afirmar que nos tempos idos do Templo tudo eram mil maravilhas, que não havia corrupção, fome exagerada de poder e manipulação dos simples de coração pelas autoridades que se achavam no direito de tudo dirigir e controlar. Para entender isso é só olharmos para nós mesmos e para o nosso quadro atual e veremos que quase nada mudou. Continuamos, como nós mesmos rezamos sempre, "santos e pecadores". Para observar tudo isso com serenidade e realidade, é preciso fazer um esforço a fim de compreender que não estamos diante de um problema específico de um determinado povo, mas de um problema humano. Lá onde houver um grupo humano, limitado, como qualquer grupo que está sob as leis do universo, haverá corrupção e tantas outras realidades negativas. A comunidade cristã tampouco se livrou disso, simplesmente porque não perdeu sua humanidade, sua limitação.

A dificuldade maior reside no risco de nos vermos incapazes de valorizar o que pertence ao mundo cristão sem menosprezar, ou falar mal, do que pertence ao mundo judaico;

enaltecer o Segundo Testamento sem minimizar o Primeiro, e assim por diante. Essa mentalidade deu origem a uma teologia chamada "teologia da substituição".[1] Essa teologia é muito propensa a estabelecer uma ruptura profunda entre o mundo judaico e o cristão.

Hoje, o avanço dos estudos sobre a comunidade cristã primitiva auxilia na abordagem dessa questão. Viu-se que os evangelhos refletem mais a relação conflituosa entre cristãos e judeus após o ano 70, do que as discussões entre Jesus e os fariseus. Para Jesus como judeu fariseu, a Torá, o Templo, a Terra (prometida) e o povo são realidades positivas ligadas à esperança messiânica de Israel. Nos evangelhos, essas realidades atestam a messianidade e a divindade de Jesus.

Jesus, a Torá e o Templo

Das realidades principais do Primeiro Testamento citadas anteriormente, será dada aqui maior ênfase à Torá e ao Templo.

Nos evangelhos, Jesus não ataca o Templo em si, mas profere palavras de verdade sobre os comportamentos distorcidos de certas pessoas do seu tempo com relação a ele. Ele pode fazê-lo com autoridade, porque pertence ao povo e fala do interno da comunidade. Já o profeta Jeremias no seu tempo, diante de ultrajes contra o Templo, havia feito esta pergunta: "Este Templo, onde o meu Nome é invocado, será porventura um covil de ladrões a vossos olhos?" (Jr 7,11). Utilizando as mesmas palavras de Jeremias, os evangelistas dizem, referindo-se ao Templo como morada de Deus: "Fazeis dela um covil de ladrões" (Mt 21,13). Lucas e Marcos utilizam o mesmo texto,

---

[1] Na teologia da substituição, como o próprio nome já diz, substituem-se as realidades consideradas passadas pelas atuais. Por ex.: Primeiro Testamento pelo Segundo, Sinagoga pela Igreja e assim por diante.

ao passo que João prefere as palavras de Zc 14,21: "Não haverá mais vendedor na casa de YHWH (Senhor) dos exércitos naquele dia". Com efeito, João diz: "Não façais da casa de meu pai uma casa de comércio" (Jo 2,16b). Assim, podemos ver segundo os textos citados que, nem os profetas, nem os evangelistas falam do Templo em si e da sua função, mas dos comportamentos desrespeitosos dos membros da comunidade com relação a ele.

Desse modo, quando João nos mostra Jesus dizendo: "Destruí este Templo, e em três dias eu o levantarei" (Jo 2,19), provavelmente não está querendo menosprezá-lo, mas relativizá-lo comparando-o com o seu corpo, que também será destruído e reerguido pela ressurreição. É como se ele dissesse: o que importa é a presença de Deus que está tanto no Templo como em meu corpo, presença essa que continuará independente dessa realidade física na qual ela se manifesta. Essa presença tudo extrapola.

Vários textos dos evangelhos apontam para uma relação muito estreita, terna e profunda de Jesus com o Templo, que é sempre chamado por ele de "casa de meu pai". O principal deles é Lc 2,41-50, onde ele diz "estar na casa do pai" e se ocupando das "coisas do pai". Esse texto ressoa muito forte, porque "ocupar-se das coisas de Deus" corresponde, no mundo farisaico do tempo de Jesus, a ocupar-se da Torá. É isso que Jesus está fazendo com os sábios e doutores da Torá. Lucas salienta que os sábios estavam extasiados diante da sabedoria desse menino de apenas 12 anos.

Surge outra ressonância forte nesse texto. Jesus ficou ausente aos olhos dos seus pais, dos parentes e conhecidos durante três dias. Esses três dias foram de "angústia" segundo a própria expressão de Maria (Lc 2,48). Ele foi encontrado no único lugar onde podia ser encontrado, na casa do Pai, no lugar por excelência da presença. Essa angústia dos pais não antecipa a angústia dos discípulos, quando ele desaparecerá aos seus olhos pela morte durante três dias? Antes de tornar-se presença por excelência pela ressurreição.

Essa cena do evangelho de Lucas desenrola-se unindo essas duas realidades fortes de presença de Deus para Israel: a Torá e o Templo. Poderíamos citar outros textos como: Mt 12,6; Jo 2,16; At 22,17-18.

Quanto à Torá, passagens relevantes se encontram nos escritos de Mateus, considerado o mais próximo do judaísmo do seu tempo. Citemos um exemplo:

> [17]Não penseis que vim *revogar* a Lei (Torá) e os Profetas. *Não vim revogá-los*, mas *dar-lhes pleno cumprimento*, [18]porque em verdade vos digo que, até que passem o céu e a terra, *não será omitido um só "i"*[2] da Lei (Torá), sem que tudo seja realizado. [19]Aquele, portanto, que *violar* um só desses menores *mandamentos* e *ensinar* os homens a fazerem o mesmo, será chamado o menor no Reino dos Céus. Aquele, porém, que os *praticar* e os *ensinar*, esse será chamado grande no Reino dos Céus (Mt 5,17-19).

Aqui, o evangelista nos apresenta Jesus numa atitude de mestre zeloso em face da Torá. Ele ensina a seus discípulos o seu valor primordial e o seu lugar central para a vida. "Não vim revogar, mas dar pleno cumprimento" (v.17). Coloquemos as palavras deste versículo em consonância com o v.19: "Aquele que violar os mandamentos da Torá será menor e aquele que os *praticar* será grande". Vamos ligar o verbo "revogar" com o verbo "violar" e a frase "dar pleno cumprimento" com o

---

[2] Uma referência ao *yod*, a menor letra do alfabeto hebraico.

verbo "praticar". Assim, o evangelista mostra Jesus praticando os mandamentos da Torá e ensinando os seus discípulos a fazerem o mesmo. A tônica é posta sobre a Torá e o Reino dos céus, ambos são apresentados juntos.

Na seqüência, Mateus traz uma espécie de exortação: "Se a vossa justiça não exceder a dos escribas e a dos fariseus, não entrareis no Reino dos Céus" (v.20). Podemos, diante desse versículo, lembrar a postura de Jesus nos evangelhos com relação ao Templo. Jesus atacou não o Templo, mas o comportamento das pessoas que o freqüentavam. Tampouco Mateus minimiza a Torá, mas desaprova a atitude de certos escribas e certos fariseus em face dela.

Destruição do Templo – morte de Jesus

O Templo é o centro, o ponto de união e de referência para a comunidade de Israel. Com a sua destruição no ano 70 E.C. todo o povo ficou desorientado. Diante dessa tragédia, os sábios fariseus da época, cuja vida religiosa estava voltada para a prática dos mandamentos da Torá, transferiram-se de Jerusalém para uma cidade chamada Yavnêh[3] e lá reformularam a prática do judaísmo. Eles consolaram o povo, desiludido com a destruição do Templo, mostrando que a prática dos mandamentos da Torá está em primeiro lugar. A Torá já existia antes mesmo da fundação do mundo, foi revelada no Sinai e é nela que Deus ordenou a construção do Templo. Portanto, o Templo pode ser destruído, como foi. Tudo o que foi um dia construído pode vir também a ser um dia destruído. Mas a Torá ninguém pode arrancar deles. Mesmo que consigam queimar e destruir os escritos, como queimaram e destruíram o Templo, a Torá permanece viva enquanto

---

[3] Mencionada em alguns livros como Javne ou Jâmnia. Essa cidade está localizada a uns 70 km de Jerusalém, nas proximidades da atual Tel-Aviv.

o povo busca estudá-la e pô-la em prática. É nessa mesma Torá que os sábios fundamentam a esperança da reconstrução do Templo, nos dias da vinda do Messias.

Ensinaram que, assim como subia a Deus, no Templo, a fumaça dos sacrifícios do povo, iria subir agora o louvor do seu coração. Os sábios disseram também que lá onde dois membros da comunidade judaica abrissem a Torá, Deus estaria presente.[4] Esses dois ensinamentos tiveram lugar porque, com Jerusalém e o Templo destruídos, os filhos de Israel iriam se espalhar novamente.

Algo parecido acontece com a comunidade cristã, após a experiência da morte de Jesus. Com efeito, Jesus também diz que "lá onde dois ou três estiverem reunidos em meu nome, eu estarei presente" (Mt 18,20).

Havemos de convir que esse é o momento novo, tanto para os judeus fariseus como para os cristãos. Nenhuma das duas comunidades se vê privada da presença de Deus. A comunidade judaica se volta para as palavras da Torá dadas no Sinai, a cristã para a pessoa de Jesus, para suas palavras e seus gestos. É certamente desse momento que o evangelista João fala, no encontro com a samaritana. Quando essa mulher pergunta a Jesus onde se deve adorar, ele responde que não é aqui nem lá, mas em Espírito e verdade, ou seja, lá onde houver um coração batendo no ritmo dessa nova realidade (Jo 4,20-24). Assim, a comunidade cristã volta-se para a pessoa de Jesus Ressuscitado como o Templo, o lugar da presença de Deus (Jo 2,19.22). Ela reconhece nele a encarnação dessa mesma palavra, que criou o universo e foi dada no Sinai (Jo 1,1).[5]

---

[4] Veja a introdução sobre a *Shechináh*.

[5] A teologia farisaica da preexistência da Torá é semelhante à teologia joanina da preexistência do Verbo. Quanto a esta última, R. E. Brown a chama de "alta teologia". Cf. BROWN, R. *A comunidade do discípulo amado*. Paulus, São Paulo, 1984.

Presença de Jesus nos Atos dos Apóstolos

No Primeiro Testamento, o dom da Torá no Sinai constitui o fundamento para a comunidade dos filhos de Israel (Ex 19,16-20; 24,1-11). Para a comunidade cristã nos escritos de Lucas, esse fundamento é o dom do Espírito no dia de Pentecostes (At 2,1-3). Assim sendo, Pentecostes está vinculado ao Sinai. Tanto em Êxodo com o dom da Torá, quanto nos Atos dos Apóstolos com Pentecostes, a experiência da presença viva de Deus no meio do povo é fortemente marcada. Presença essa que anima, fortalece, dá força no caminho e direciona o olhar da comunidade para a frente, para o futuro.

Os filhos de Israel não teriam suportado a dureza do caminho no deserto, rumo à terra prometida, se não tivessem passado pela experiência do monte Sinai. A comunidade dos primeiros cristãos não poderia continuar e esperar sem o marco de Pentecostes. É como se Pentecostes fosse o farol que ilumina a ressurreição de Cristo e acende o ânimo em cada membro da comunidade cristã.

Sinai e Pentecostes são marcos de tomada de consciência. No livro dos Atos dos Apóstolos, o autor nos mostra passo a passo que o agir dos apóstolos está em consonância com o agir de Jesus. Eles vão fazendo tudo o que ele fazia. Em seu nome, curam os doentes, expulsam os demônios, ressuscitam os mortos. Os sinais de que o Reino de Deus já se faz presente neste mundo continuam com eles.

A descrição da forma de vida da comunidade indica o forte teor da presença de Jesus em At 2,42-47, principalmente o v.42: "Eles mostravam-se assíduos ao ensinamento dos apóstolos, à comunhão fraterna, à fração do pão e às orações". Ao ler os Atos dos Apóstolos é impossível não sentir a mão de Jesus que orienta e conduz tornando-se quase que visível, palpável na pena de Lucas, como uma continuidade entre as duas etapas: o período antes da ressurreição narrado no seu evangelho e o período pós-ressurreição narrado nos Atos. Um exemplo claro tanto da presença de Jesus quanto da continuidade é a experiência do encontro de Paulo com Jesus ressuscitado (At 9,1-9).

Presença de Jesus nos escritos de Paulo

Para falar da presença de Deus no seio do povo, o apóstolo Paulo retoma a linguagem própria e os métodos interpretativos das Escrituras das comunidades farisaicas, de onde ele mesmo é proveniente. Essa linguagem e os métodos dos sábios fariseus aparecem nos escritos do apóstolo, simplesmente porque a sua experiência de Jesus como Messias é a esperança que habita a alma do seu povo há séculos. A esperança está sempre lá: no momento certo Deus visitará seu povo eleito e o libertará. Com o advento dos romanos e toda a carga opressiva que eles impuseram sobre a terra de Israel, destruindo Jerusalém e o Templo, tanto a comunidade judaica quanto a comunidade cristã nascente experimentaram o mesmo sofrimento, bem como soluções semelhantes em face dos problemas que as assolavam.

Paulo não só afirma que Jesus é o lugar da presença de Deus, mas vai além. Ele diz com toda a convicção que cada membro da comunidade é Templo do Senhor, Habitação do Senhor e deve se comportar como tal:

> Não sabeis que sois um Templo de Deus e que o Espírito de Deus habita em vós? Se alguém destrói o Templo de Deus, Deus o destruirá. Pois o Templo de Deus é santo e esse Templo sois vós (1Cor 3,16-17).

Paulo fala do corpo dos cristãos como lugar da habitação de Deus também em 1Cor 6,19 e Ef 2,20-22. Na segunda carta aos Coríntios, ele reafirma como uma verdade: "Nós é que somos o templo do Deus vivo" (2Cor 6,16). Essa afirmação está provavelmente ligada à esperança de redenção universal, porque se espera que todas as nações do mundo acorrerão ao Deus de Israel. Paulo proclama que "somos o templo do Deus vivo" citando, na seqüência, Levítico: "Estabelecerei minha habitação no meio de vós" (26,11), e o profeta Ezequiel: "Em meio a eles habitarei" (37,27).

Essa maneira de entender a presença de Jesus nas comunidades cristãs, após a experiência da ressurreição, há muito que nos é conhecida. Jesus não é mais encontrado nem num corpo físico, circunscrito ao tempo e ao espaço, e muito menos ligado a um túmulo. Podemos encontrá-lo noutra dimensão: na mesma dimensão na qual se encontra Deus. O encontro com Jesus ressuscitado se dá na repetição de suas palavras e gestos na liturgia e na catequese, lá onde estivermos, independentemente de tempo e espaço, raças, culturas e outras referências, como aparece na carta aos Colossenses:

[9]Vós vos desvestistes do homem velho com as suas práticas [10]e vos revestistes do homem novo, que se renova para o conhecimento segundo a imagem do seu criador. [11]Aí não há mais grego e judeu, circunciso e incircunciso, bárbaro, cita, escravo, livre, mas Cristo é tudo em todos (Cl 3,9b-11).[6]

Paulo é o apóstolo dessa nova realidade: a fé para todos em Jesus ressuscitado. Ora, Jesus ressuscitado está em todo e qualquer lugar ao mesmo tempo, não tem mais fronteiras.

---

[6] Cf. textos paralelos em Rm 10,12; 1Cor 12,13; Gl 3,28.

Jesus, o homem de Nazaré, Paulo não conheceu. Não foi seu discípulo, assim como qualquer um de nós. A sua experiência de encontro com Jesus já está do âmbito da fé dos primeiros cristãos. Talvez seja essa a razão forte da sua consciência de ser presença viva de Cristo em meio às comunidades, de qualquer nação, em qualquer lugar. Com efeito, na carta aos Gálatas está escrito: "Já não sou eu que vivo, mas é Cristo que vive em mim" (2,20).

4
A comunidade:
lugar da presença de Deus

Israel

Já foi mencionado que Deus jamais priva o seu povo da sua presença. Quando os filhos de Israel eram nômades e habitavam em tendas, também Deus tinha sua tenda em meio às deles. Quando eles sedentarizaram-se e passaram a habitar em casas, também Deus tinha sua casa, o Templo. O povo desce ao exílio, também Deus desce com ele (Gn 46,4); o povo sobe para a terra, também Deus sobe com ele (Gn 50,25). Quando, após a destruição do Templo, o povo voltou a se espalhar na diáspora, também Deus se espalhou com ele.

A comunidade dos filhos de Israel, a partir de sua consciência própria de eleição e de aliança, é sempre mostrada, nas Escrituras e na Tradição, ligada a Deus. Israel não existe sem Deus. Israel é lugar da proclamação da sua existência, beleza e grandeza. Nessa relação o humano e o divino se buscam e se encontram.

Aqui é preciso retomar todo o fio condutor das Escrituras: criação do universo e do gênero humano, escolha dos patriarcas e promessas, alianças, formação do povo, descida e subida do Egito, instalação na terra da promessa etc. Nelas, não há um episódio que não seja em função da proclamação da eleição de Israel por parte de Deus e da aliança. Em tudo está a presença de Deus.

Na pena dos escritores bíblicos, os estrangeiros, reis opressores que entram em contato com Israel, experimentam também o seu Deus. Quando José chegou na casa de Putifar, no Egito, este viu que Deus estava com ele, pois o que fazia prosperava, e agradou-se dele (Gn 39,1-4). Quando o livro do Gênesis mostra o mesmo José interpretando os sonhos do oficial do faraó (Gn 40,8b) e do próprio faraó (Gn 41,16b), diz sempre que Deus revela os segredos. Em seguida o faraó proclama a grandeza de Deus, vendo a sua sabedoria em José:

> [38][...] Encontramos um homem como este, em quem esteja o espírito de Deus? [39]Então o faraó disse a José: "Visto que Deus te fez saber tudo isso, não há ninguém tão inteligente e sábio como tu [...]" (Gn 41,38b-39).

Mais adiante no livro do Êxodo, vendo todos os primogênitos do Egito mortos, disse o faraó:

> [31][...] Levantai-vos e saí do meio de meu povo, vós e os filhos de Israel; ide, servi a YHWH, como tendes dito. [32]Levai também vossos rebanhos e vosso gado, como pedistes, parti e abençoai a mim também (Ex 12,31b-32).

Juntamente com as falas do faraó reconhecendo a presença de Deus em José e no povo, gostaria de mencionar mais três exemplos acerca de outros estrangeiros, que também reconhecem essa mesma presença nos membros do povo de Israel. Em primeiro lugar Raab, a mulher pagã, estrangeira, prostituída de Jericó. Essa mulher escondeu em sua casa os espiões enviados por Josué. Ela o fez porque reconheceu naqueles homens os filhos do povo escolhido por Deus para habitar aquela terra, onde ela se encontrava com sua família. Diante dos homens ela proclama: "O vosso Deus, é Deus tanto em cima nos céus como embaixo na terra" (Js 2,11).

Em segundo lugar menciono Rute, também estrangeira, moabita que se casa com um israelita, filho de Naomi. Conta o livro de Rute que, no tempo dos juízes, houve fome em Belém de Judá. Por essa razão, um homem israelita mudou-se, com sua mulher Naomi e seus dois filhos, para as terras de Moab. Lá chegando, os dois filhos tomaram mulheres moabitas como esposas. Passado um certo tempo, morre o esposo de Naomi e os seus dois filhos. Naomi ficou viúva, com suas duas noras também viúvas.

Diante desses acontecimentos, Naomi resolve voltar para Belém de Judá, sua terra. Ela vai ter com suas noras, anuncia a sua partida e pede a elas que permaneçam na terra de Moab com a parentela. Uma aceita sem nenhuma resistência, mas a outra, Rute,[1] recusa e diz a Naomi: "Para onde fores irei também, onde for tua morada, será também a minha; o teu povo será o meu povo e o teu Deus será o meu Deus" (Rt 1,16).

O último exemplo vem do livro de Daniel. O rei Nabucodonosor, assim como faraó, teve um sonho. Mas, à diferença do faraó, o rei exigiu dos seus intérpretes a narração do sonho. Assim, todos os sábios da Babilônia que se apresentaram pereceram, porque nenhum deles sabia contar o sonho tal qual o rei havia sonhado. Daniel, após relatar o fato aos seus companheiros e pedir-lhes que rogassem a Deus por ele, vai ter com o rei. Ele narra ao rei o seu sonho e lho interpreta. O rei, assombrado, cai com o rosto por terra, oferece sacrifícios de agradável odor e proclama: "Em verdade o vosso Deus é o Deus dos deu-

---

[1] Essas duas mulheres citadas, Rute e Raab, aparecem na genealogia de Jesus segundo Mt 1,5.

ses e o senhor dos reis e o revelador dos mistérios, pois tu pudeste revelar este mistério" (Dn 2,47).

José no Egito, os espiões de Josué em Jericó, Naomi em Moab e Daniel na Babilônia, são apresentados pelos autores bíblicos como sinais visíveis do Deus invisível de Israel. Assim, como estamos vendo nos textos do Primeiro Testamento, quem se encontra com Israel encontra-se com Deus.[2] Mas também nos textos do Segundo Testamento quem se encontra com os discípulos de Jesus deve reconhecer neles o próprio Jesus.[3]

A comunidade cristã

A comunidade cristã faz uma experiência particular, especial, dessa presença. Assim como Deus se restringiu para fazer-se presente na Tenda do Encontro e, posteriormente, no Templo, agora ele faz o mesmo para estar presente por meio de Jesus. Ele faz o mesmo para ser um de nós entre nós. Ele assume a nossa humanidade como lugar de sua habitação.

Os primeiros Padres da Igreja afirmam que Deus desceu até nós através dessa humanidade, para que nós pudéssemos subir até ele. Ele se humanizou para nos dar a oportunidade de nos divinizar. Ele se abaixou para que nós fôssemos elevados. Os Padres fazem essa reflexão retomando Gn 1,26: "Façamos o homem à nossa imagem e semelhança", apontando a pessoa de Jesus como a imagem perfeita de Deus, enviada a nós por ele, para que, olhando para ela, como modelo vivo, pudésse-

---

[2] Cf. Is 49,6: "Também te estabeleci como luz das nações, a fim de que a minha salvação chegue até as extremidades da terra".

[3] Cf. Jo 13,35: "Nisto reconhecerão todos que sois meus discípulos, se tiverdes amor uns pelos outros".

mos assim recompor a imagem de Deus que foi corrompida em nós com a ruptura lá do início (Gn 3).[4]

Em Jesus, Deus nos visita, nos redime (Lc 1,68) e está conosco, da mesma forma como, no passado, visitou Israel no Egito (Gn 50,24; Ex 3,7-8) e andou sempre com ele sem jamais abandoná-lo. Jesus é essa presença divina que completa e realiza os seus discípulos na comunidade. Lucas nos comunica essa verdade, mostrando a incompreensão dos de fora que não entendem por que os discípulos de Jesus não cumprem os rituais costumeiros. Quando perguntado por que os seus discípulos não jejuam nem recitam orações como de costume, ele responde: "Acaso podeis fazer que os amigos do noivo jejuem enquanto o noivo está com eles? Dias virão em que o noivo lhes será tirado; e naqueles dias jejuarão" (Lc 5,34-35).

Em todos os escritos do Segundo Testamento, de Mateus ao Apocalipse, encontramos sempre uma releitura consciente de todas as Escrituras mostrando Jesus de Nazaré como o Messias prometido por Deus. Em Jesus, Deus cumpre todos os seus desígnios de salvação do gênero humano. É assim que os textos do Segundo Testamento formam um só bloco em função da proclamação dessa experiência de fé.

A salvação que Deus nos oferece por meio de Jesus não rompe com o passado, como pretende mostrar a teologia da substituição, mas liga o passado com o presente e o futuro. Como liga também todas as nações da terra.

---

[4] Segundo Orígenes, Deus tem para com o seu mundo e para com a humanidade uma atitude pedagógica. Ele cria o mundo e cria o homem à sua imagem e semelhança, por amor. É pelo mesmo amor que ele, vendo a sua imagem deformada no homem, envia o seu Filho como modelo a ser imitado. Assim, em Jesus, Deus é reconhecido, e na comunidade de Jesus, que o imita, o próprio Jesus é reconhecido. Cf. *Comm. Jean, VI, IV,* 17.18.

Todos os relatos de milagres, de sinais feitos por Jesus, estão ligados à proclamação de sua divindade, presença e redenção messiânica. Neles, Jesus é apresentado como o Senhor da vida que tem o domínio completo da criação. A pergunta a ser respondida é sempre "quem é este?" Nos evangelhos, a ação de Jesus nos conduz a feitos de Deus nas Escrituras.

Vejamos um exemplo: João nos fala, no capítulo 9, da cura de um cego de nascença. Aqui, o gesto de Jesus é tomar do pó da terra, juntar esse pó com sua saliva, fazer lama (barro) e aplicar nos olhos do cego. Ora, esse comportamento já é bastante conhecido na Escritura. Quem fez esse mesmo gesto foi o próprio Deus no momento da criação do homem: "Então o Senhor Deus modelou o homem, insuflou em suas narinas o hálito da vida e o homem se tornou um ser vivente" (Gn 2,7). Assim sendo, como devemos proceder para compreender o ensinamento de João? Devemos perguntar: quem é este que faz barro e cura (recria) o cego? E a resposta só pode ser: este que faz barro hoje e recria o cego é o mesmo que fez barro um dia e o criou, porque só quem cria pode recriar.

Tendo tomado esse caminho simbólico, não podemos mais ficar imaginando Deus modelando um homem, indivíduo do sexo masculino, assim como também não vamos mais imaginar Jesus fazendo enxergar, por puro milagre, um homem que nasceu cego. Vamos ver, sim, com toda realidade e verdade, uma humanidade toda criada, saindo das mãos de Deus e a mesma humanidade recriada, salva, saindo de Jesus, o mesmo Deus. Compreenderemos que só o Senhor da vida pode ressuscitar (Jo 11,1-44); e que as forças da natureza só vão obedecer a quem as criou ou a quem ele conceder a autoridade (Mc 4,35-41) e assim por diante.

Podemos concluir esta parte pensando na presença de Jesus no seio da comunidade cristã e como ele é reconhecido em seus discípulos. Já foram mencionadas as passagens de Mateus: "Onde dois ou três estiverem reunidos em meu nome, ali eu estou no meio deles" (Mt 18,20) e de João: "Nisto reconhecerão todos que sois meus discípulos, se tiverdes amor uns pelos outros" (Jo 13,35). Podemos perceber essa identificação através do vocabulário escolhido. Por exemplo: Jesus no evangelho é apresentado como caminho: "Tomé lhe diz: 'Como podemos conhecer o caminho?' Diz-lhe Jesus: 'Eu sou o caminho'[...]" (Jo 14,5-6). Ora, a palavra caminho é utilizada nas Escrituras para designar a Torá[5] como caminho de Deus. João apresenta Jesus como caminho de Deus para os discípulos. A comunidade andando pelo caminho identificar-se-á com ele.

Nos Atos dos Apóstolos, o autor nos mostra também essa mesma identificação mediante o vocábulo *caminho*. No início do capítulo 9 é dito que Saul parte de Jerusalém para Damasco, com a intenção de prender os que lá encontrasse "pertencendo ao *caminho*". Caminho, aqui, não deve designar somente a doutrina cristã, mas também a própria comunidade. Isso porque no v.1 é dito que Saul está furioso contra "os discípulos do Senhor". Ele parte para persegui-los em Damasco e na estrada acontece algo extraordinário:

> [3]Estando ele em viagem e aproximando-se de Damasco, subitamente uma luz vinda do céu o envolveu de claridade. [4]Caindo por terra, ouviu uma voz que lhe dizia: "Saul, Saul por que *me persegues*?" [5]Ele perguntou: "Quem és, *Senhor*?" E ele [respondeu]: *"Eu sou Jesus, a quem tu estás perseguindo"* (At 9,3-5).

---

[5] Cf. Sl 119,1; 1,1-2.6.

Observemos que, no texto, a voz do céu é identificada como sendo de Jesus. É ele que pergunta "por que *me* persegues?" e não "por que persegues *meus discípulos?*". Persegui-los é o mesmo que perseguir o próprio Jesus. A resposta do v.5 não deixa nenhuma dúvida: "Eu sou Jesus, a quem tu estás perseguindo".

5
Presença de Deus e Espírito Santo

Ruah[1] na língua hebraica, *pneuma* na língua grega, e *spiritus* na língua latina são palavras que designam o vento, o sopro. Nessas três línguas, a mesma palavra que significa vento significa também espírito. Ora, esse uso parece sensato, do ponto de vista simbólico, pois não vemos o vento, o ar, e percebemos a sua ação; da mesma forma não vemos o espírito e percebemos a sua ação. Sem vento, sem ar e sem espírito não há vida. O vento ou o ar, na cultura antiga, é um dos quatro elementos essenciais para a vida no universo. Os outros são a terra, o fogo e a água. Destes últimos, o fogo é, às vezes, símbolo do espírito. A água também, como símbolo da pureza e da vida, está ligada ao espírito.[2]

No Primeiro Testamento

Como já foi mencionado, a expressão *Ruah Elohim*, sopro de Deus, aparece pela primeira vez em Gn 1,2. Algumas traduções trazem "Espírito de Deus". Em outras passagens, como em Ex 14,19, Deus fez soprar um vento. Este vento secou o mar para que Israel passasse a pé enxuto. O mesmo ven-

---

[1] Pronuncia-se "rúarr".

[2] Cf. Is 32,15. Nesta passagem, o Espírito de Deus derramado sobre os homens é comparado à chuva que transforma o deserto em vergel. Também na cena do batismo de Jesus o Espírito está ligado à água (Jo 1,31-32; Mc 1,9-11).

to se levanta no deserto e traz codornizes, quando o povo sente fome (Nm 11,31). No episódio dos ossos secos, em Ezequiel, o Espírito[3] vem dos quatro ventos, sopra sobre os ossos ressequidos para devolver-lhes a vida (Ez 37,9). No Sl 104, 29-30, o sopro da respiração está ligado à face de Deus. Se ele mostra a sua face, o sopro da vida permanece; se ele a esconde, o sopro se vai e o homem volta ao pó. Esse sopro tudo renova.

Esse simbolismo do vento como Espírito de Deus, criador e animador, está amplamente presente nas Escrituras. Ele está com os patriarcas, com os líderes do povo e com cada um que anda nos caminhos do Senhor. O espírito de sabedoria e profecia está com Moisés e dele passa para os setenta anciãos (Nm 11,17.25). Esse mesmo espírito habita os profetas e faz deles portadores da palavra do Senhor (Ez 2,2; 3,12). É o espírito de inteligência e discernimento, revelador das coisas ocultas (Sb 7,21-22).

O mesmo Espírito está intimamente ligado à questão messiânica. No tempo escatológico, no dia do Senhor, o Messias trará a plenitude do Espírito para toda criatura, como exprime o profeta Joel:

> [1]Depois disto, derramarei o meu espírito sobre toda carne. Vossos filhos e vossas filhas profetizarão, vossos anciãos terão sonhos, vossos jovens terão visões. [2]Mesmo sobre os escravos e sobre as escravas, naqueles dias, derramarei o meu espírito (3,1-2).

O profeta Isaías alude à figura do Messias como aquele que transmitirá o espírito do Senhor:

---

[3] Encontra-se a palavra "sopro" na TEB (Tradução Ecumênica da Bíblia).

¹Um rebento sairá do tronco de Jessé. [...] ²Sobre ele repousará o espírito do Senhor, espírito de sabedoria e de inteligência, espírito de conselho e de fortaleza, espírito de conhecimento e de temor ao Senhor (11,1-2).

Este mesmo espírito, segundo o profeta Isaías, o ungiu para sua missão:

¹O espírito do Senhor está sobre mim, porque o Senhor me ungiu; enviou-me a anunciar a boa-nova aos pobres, a curar os quebrantados de coração e proclamar a liberdade aos cativos, a liberdade dos que estão presos (61,1).

Outra característica do espírito de Deus é a santidade e, decorrente disso, a sua função de santificador. Ele prepara a comunidade para o encontro com o seu Senhor mediante seus líderes: juízes, profetas, reis, sacerdotes e, por fim, o próprio Messias. Nesse sentido, a obra salvadora de Jesus é fundada no Segundo Testamento, sob a ação do Espírito Santo.

No Segundo Testamento

Somente o evangelho de Lucas fala explicitamente da encarnação de Jesus como obra do Espírito Santo.[4] É dito pela intermediação do anjo Gabriel: "O Espírito Santo virá sobre ti e o poder do Altíssimo vai te cobrir com a sua sombra" (Lc 1,35). Embora os outros evangelistas se ocupem mais do advento de João Batista em diante, há um consenso em apresentar todos os gestos de Jesus e de seus discípulos envoltos na ação do espírito de Deus. As cenas mais freqüentes nesse sentido são:

---

[4] Na tradição cristã, costuma-se referir ao evangelho de Lucas como o evangelho do Espírito Santo. No seu evangelho e nos Atos, a ação do Espírito a tudo orienta.

a) O batismo de Jesus: Lc 3,21-22; Mt 3,13-17; Mc 1,9-11; Jo 1,32-34.

b) A tentação no deserto: Lc 4,1-13; Mt 4,1-11; Mc 1,12-13.

No prólogo dos Atos dos Apóstolos, o autor faz três referências ao Espírito Santo. Duas delas de forma explícita: a primeira dizendo que Jesus escolheu os seus discípulos sob sua ação (At 1,2), e a segunda recordando que João batizou com água, mas que os discípulos serão batizados com o Espírito Santo, dentro de poucos dias (At 1,5). Entre essas duas referências claras, está uma implícita. Jesus ordena aos discípulos que não se afastem de Jerusalém até o cumprimento da promessa do Pai. Ora, "promessa do Pai" corresponde ao envio do Espírito Santo da parte de Deus. Essa promessa referida no prólogo de Atos está subentendida no final do evangelho de Lucas, junto com o pedido aos discípulos de não se afastarem de Jerusalém: "Eis que eu vos enviarei o que meu Pai prometeu. Por isso, permanecei na cidade até serdes revestidos da força do alto" (Lc 24,49). "Força do alto" nesse versículo corresponde ao mesmo Espírito de At 1,8: "Recebereis uma força, a do Espírito Santo que descerá sobre vós". Assim Lucas nos prepara para o relato de Pentecostes.[5]

¹Tendo completado o dia de Pentecostes, estavam todos reunidos no mesmo lugar. ²De repente veio do *céu* um ruído como o agitar-se de um *vendaval* impetuoso, que encheu toda a casa onde se encontravam. ³Apareceram-lhes, então, *línguas como de fogo*, que se repartiam e pousaram sobre *cada um deles* ⁴e todos ficaram repletos do *Espírito Santo* e começa-

---

[5] "Pentecostes" é a segunda das três grandes festas de peregrinação (Ex 34,23; Dt 16,16). Ela é chamada também "Festa das Semanas" porque é celebrada após um período de sete semanas depois da Páscoa. O qüinquagésimo dia deu origem ao nome grego da Festa: Pentecostes (pentecostos = qüinquagésimo).

ram a falar em outras línguas, conforme o Espírito lhes concedia que se exprimissem. [5]Achavam-se em Jerusalém judeus piedosos, vindos de *todas as nações* que há debaixo do céu. [6]Com o ruído que se produziu a multidão acorreu e ficou perplexa, pois cada qual os ouvia falar em seu próprio idioma. [7]Estupefatos e surpresos diziam: "Não são, acaso, galileus todos esses que estão falando?" (At 2,1-7).

Esse relato de Pentecostes está ligado ao dom da Torá no Sinai. Os judeus celebram cinqüenta dias depois da festa da Páscoa esse dom que representa também a presença de Deus nas suas palavras transmitidas pela intermediação de Moisés. Os filhos de Israel não podem viver sem esse dom. Em Atos também se trata de um dom, o do Espírito da vida que anima os discípulos. Esse Espírito é representado pelo vento e pelo fogo. Ele prepara os discípulos para testemunharem que Jesus é Messias e Senhor de tudo e de todos. Por essa razão o autor nos mostra que todas as nações da terra estavam presentes, viram e sentiram.

O que Lucas nos conta nos Atos corresponde à esperança messiânica e ao que já haviam dito os profetas, principalmente o profeta Joel: "Depois disso, derramarei o meu espírito sobre toda carne" (Jl 1,1). A comunidade cristã é o lugar desse acontecimento, dessa revelação. Lucas segue mostrando como Jesus, após a ascensão, continua conduzindo os seus discípulos mediante o Espírito Santo. Ele inspira a pregação dos apóstolos (At 2,14-41; 4,8); converte as pessoas aos ensinamentos deles e as batiza (2,37-41); continua se manifestando na Igreja como um todo (4,31); pune Ananias e Safira (5,9); arrebata Filipe de um lugar para outro em função da missão (8,39); guia (20,22). Pela pregação de Pedro, o Espírito é derramado também sobre os gentios (10,44-48). Em Lucas, o Espírito é presença viva para a comunidade, assim como no evangelho de João.

Também João liga o envio do Espírito Santo aos discípulos com a ausência de Jesus de Nazaré. Por essa razão, as expressões mais fortes desse envio do Espírito encontram-se no discurso de despedida de Jesus (Jo 13,31-37). Jesus pedirá ao Pai para enviar o Espírito: "Rogarei ao Pai e ele vos dará outro Paráclito, para que convosco permaneça para sempre, o Espírito da Verdade" (Jo 14,16-17;15,26-27). O Espírito esclarecerá tudo: "Essas coisas vos tenho dito estando entre vós, mas o Espírito Santo que o Pai enviará em meu nome vos ensinará tudo e vos recordará tudo o que vos disse" (Jo 14,25-26). Todos esses textos falam do Espírito como uma promessa para os dias da ausência de Jesus de Nazaré: "Se eu não for, o Paráclito não virá a vós" (Jo 16,7). Esses dias de ausência são também de muita dor, incertezas, solidão e medo. Diante disso, é necessário um certo amadurecimento do discipulado: "Tenho muito a vos dizer, mas não podeis agora suportar. Quando vier o Espírito da Verdade, ele vos conduzirá à verdade plena" (Jo 16,12-13).

O adjetivo "paráclito" vem do grego *parácletos* e corresponde na linguagem dos tribunais ao advogado de defesa. Assim sendo, a frase "ele vos dará outro Paráclito" (Jo 14,16), com referência ao Espírito Santo, quer dizer "outro defensor" na ausência de Jesus. Na seqüência é dito "Não vos deixarei órfãos" (Jo 14,18). Visto por esse prisma, esses versículos parecem ser consolações para uma comunidade mergulhada em sofrimentos sem conta. É para enfrentar as dificuldades da vida que os discípulos precisam de um defensor. João chama de "mundo" o conjunto das dificuldades que afligem a sua comunidade, das quais não se pode fugir, e chama de "Maligno" os seus mentores. Nesse sentido, vamos compreender a oração de Jesus: "Não peço que os tires do *mundo*, mas que os guardes do *Maligno*" (Jo 17,15).

6
Presença de Jesus na palavra e na eucaristia

Tudo o que sabemos sobre Jesus só foi escrito após a experiência da ressurreição. Somente aí, por uma necessidade imperativa de cunho litúrgico e catequético, os discípulos passaram a recordar o que tinham vivido com Jesus, ouvido de seus lábios e começaram a recolher alguma coisa já escrita aqui e ali. Por isso, tudo o que temos dele não são narrativas biográficas suas e muito menos uma fotografia dos acontecimentos de sua vida. Os relatos da ressurreição não são para nos mostrar como Jesus ressuscitou, nem para explicá-la. A ressurreição é uma realidade indescritível. Ela, como o próprio Deus, extrapola tudo. Uma experiência de extraordinária grandeza foi feita; experiência essa, que por mais que os discípulos se esforçassem para transmiti-la na íntegra, com palavras ou com outros meios, seria impossível fazê-lo.

Conta-se que um dia perguntaram a Beethoven o que ele intencionava dizer quando compôs a terceira sinfonia. Ele respondeu que, se pudesse dizer com palavras o que sentia, não haveria composto uma sinfonia. Se foi esse o sentimento indizível do artista, como não deve ter sido o sentimento dessa comunidade cristã diante da experiência da ressurreição? Quantas sinfonias seriam necessárias para um leve esboço dessa experiência? Talvez seja o que quis dizer o evangelista João com a frase: "Há, porém, muitas outras coisas que Jesus fez, e que, se fossem escritas uma por uma, creio que o mundo não poderia conter os livros que se escreveriam" (Jo 21,25).

Chegou o tempo de escrever para os do presente e àqueles que viriam no futuro, o que até então estava somente na memória. Este é provavelmente o mesmo momento do qual dizia Lucas: "Dias virão em que o noivo lhes será tirado; e naqueles dias jejuarão" (Lc 5,35). Nesse tempo os discípulos de Jesus estão privados da sua presença física. São dias de dificuldades, de incertezas e medos. Chegou o tempo de contar, recontar e escrever. A comunidade então vai se organizar em torno de três pontos importantes:

a) As palavras de Jesus.

b) A certeza de sua presença como ressuscitado.

c) O culto eucarístico.

Nesse sentido, vamos olhar alguns textos de maior importância nos evangelhos e nos escritos do apóstolo Paulo. O primeiro deles é o relato da ceia de Jesus com seus discípulos e o pedido de continuar a fazer esse mesmo gesto em sua memória:

> [14]Quando chegou a hora, ele se pôs à mesa com seus discípulos [15]e lhes disse: "Desejei ardentemente comer esta Páscoa convosco antes de sofrer; [16]pois eu vos digo que já não a comerei até que ela se cumpra no Reino de Deus". [17]Então, tomando um cálice deu graças e disse: "Tomai isto e reparti entre vós; [18]pois eu vos digo que doravante não bebereis do fruto da videira, até que venha o Reino dos céus". [19]E tomou um pão, deu graças, partiu e distribuiu-o a eles dizendo: "Isto é o meu corpo que é dado por vós. *Fazei isto em minha memória*". [20]E depois de comer, fez o mesmo com o cálice dizendo: "Este cálice é a Nova Aliança em meu sangue, que é derramado em favor de vós" (Lc 22,14-20).

O texto tem seus paralelos em Mt 26,26-28; Mc 14,22-24 e 1Cor 11,23-25. Este último acrescenta no v.26: "Todas as vezes, pois, que comeis desse pão e bebeis deste cálice, anunciais a morte do Senhor até que ele venha". Essas palavras refletem um contexto litúrgico das primeiras comunidades cristãs.

A frase de Jesus "Fazei isto em minha memória" (Lc 22,19) e a do apóstolo Paulo *"todas as vezes"* (1Cor 11,26) indicamnos a passagem de primordial importância feita pelos primeiros cristãos: a passagem do convívio com Jesus de Nazaré, mestre, para o convívio na liturgia com Jesus, Senhor ressuscitado.

Nesse sentido, outro texto muito importante é Jo 20,24-29. Aqui João relata o encontro de Tomé com Jesus depois da ressurreição e a sua profissão de fé. Esse relato vem, pelo que tudo indica, responder a uma dificuldade da comunidade joanina, expressa pelo evangelista mediante a figura de Tomé. Que dificuldade seria essa? A de reconhecer, na nova dimensão de Jesus como ressuscitado — agora sendo cultuado pelo grupo dos discípulos —, o mesmo Jesus que esteve com eles antes, que andou com eles e os ensinou. Como fazer a ligação entre, de um lado, Jesus de Nazaré, da história, humano, homem, filho de Maria e de José, visível e palpável, e, de outro, Jesus ressuscitado, divino e invisível?

João, então, relata esta cena de extraordinária beleza e profundidade. Nela, é como se Jesus dissesse: "Olhe e toque Tomé. Eu sou o mesmo. Veja minhas mãos e pés perpassados, bem como o meu lado". Assim, João mostra para a comunidade a continuidade perfeita que existe entre a presença do Jesus anterior e do posterior à ressurreição. Jesus continua vivo e presente depois da morte. Também os sábios, como já vimos, esforçaram-se para convencer o povo de que a presença de Deus continua com ele, nas palavras da Torá, após a destruição do Templo e que é a mesma presença. Essa compreensão é de fundamental importância para que haja continuidade.

O texto de João sobre Tomé reflete a presença de Jesus ressuscitado no meio da comunidade e na celebração litúrgica, Jesus eucarístico. Ele entra agora com as portas fechadas. O que isso pode significar? Como ele pode entrar com as portas fechadas? Significa que ele está além de qualquer barreira física. Da mesma forma, ele continua vivo e entrando hoje, quando fechamos as portas e celebramos a eucaristia.

A eucaristia é uma forma de presença. Ela está intimamente ligada à consciência de que Jesus está vivo e presente no interior de cada um. Lá onde estivermos, com o coração aberto, não mais importa se as portas de nossa casa estão fechadas ou não, ele vem a nós, entra e se faz presente. E aí brotará de nossos lábios, com plena certeza, a mesma proclamação de fé que brotou dos lábios de Tomé: "Meu Senhor e meu Deus".

7
Presença de Deus entre nós hoje

Além dessas formas de presença de Deus percebidas pela comunidade ao longo dos séculos, podemos lembrar outras, no interno do nosso povo, principalmente nos meios mais distantes dos centros urbanos. Lá onde as dificuldades de estudo e conhecimento da Bíblia e de acesso às celebrações eucarísticas fizeram-se e fazem-se presentes ainda hoje.

Presença de Deus nos meios populares: festas dos padroeiros e oratórios

Faz-se necessário voltar um pouco o olhar para a nossa situação cultural e religiosa de dificuldades tantas. Entre as maiores dificuldades, podemos citar o alto índice de analfabetismo como um constante obstáculo no conhecimento da Bíblia. Esse dado, negativo sem dúvida, gerou paradoxalmente muita coisa bonita e positiva.

Pela falta de acesso de nossa gente aos textos sagrados e ao culto eucarístico, como o povo de Israel longe do Templo, desenvolveram-se outras formas de culto e de celebrações. Apesar das dificuldades, o nosso povo não se viu destituído da presença de Deus. Essa presença se deu em outras modalidades, principalmente através dos oratórios. Não havia família que não tivesse o seu. Não há ninguém privado de um santo protetor, que dá a alegria do sagrado, que cura, abençoa, ouve os lamentos e atende às promessas, por mais estranhas que possam parecer. Mas, às vezes, estranhas não são as formas de vida que somos obrigados a viver, por falta de opções? Enquanto enfrenta as dificuldades, o nosso povo vai gerando a cultura popular, sempre presente e forte. Tão forte que perdura, continua, canta serena e sorrateira em nós, fazendo com que sejamos o que somos. Identifica-nos, oferece-nos sempre um ponto estratégico, central, onde podemos voltar, encontrar conosco mesmos, com os outros e com Deus, sem jamais nos perder.

Hoje, tornou-se muito comum por todos os lugares a reunião das comunidades em torno da Bíblia. O povo se organiza em grupos de estudo, reflexão e oração. Os tempos mudaram muito, graças a Deus, mas com toda essa mudança, o que ainda nos orienta, mesmo nos grandes centros urbanos, é esse fundo religioso cultural interiorano, popular. Percebemos isso olhando nossas festas de padroeiros, em nossas paróquias, mesmo nas grandes cidades. É aí que vemos e sentimos como Deus se faz presente, também por meio dos santos, e o quanto nos desdobramos em expressões de carinho e ternura para com eles.

E por falar em santo e oratório, proponho este poema, que por longos dias velou em mim e após uma visita ao museu do oratório em Ouro Preto, MG, em agosto de 2000, nasceu.

Santu[1]

Ô santu du oratóru
Qui guvern'i educ'essi povaréu
Disuridu nessi mundão
di meu Deus
Dá pra nóis a aligria das festa
Dus casament'a temp'i tardiiu
Das chuv'i das coiêta
Das cura i livramentu
das disavença
Das preocupação na ispera du fiiu
Cum saúd'i sem defeitiu

Protej'eu santim
Proquê só sei qui vô
Si vorto só Deus...
Mais é mió nem pensá
Qui hái di tê piedadi
Só sei cumu principíiu
Cum'acabu num possu
Mais confiiu ni quem é maió

Ô santu qui vai di cas'im casa
Pru'a purção di
noit'infierada
Acumpanhadu d'um
canudu di genti
Qui nem sei d'ondi saiu tantu
Tudu cum a intenção
di pedi um qu'é qui seji
Só pra trabaiá é qu'ês
somi tudu
Tamém u trabaiu é sufrimentu
Pareci mais é cum a morti
U qui pareci cum a vida é a festa

Santo

Ó Santo do oratório
Que governa e educa essa multidão
Desiludida nesse mundo sem fim
de meu Deus
Dá-nos a alegria das festas
Dos casamentos a tempo e tardios
Das chuvas e das colheitas
Das curas e livramento
das desavenças
Das preocupações na espera do filho
Com saúde e sem defeito

Protege-me santinho
Porque só sei que vou
Se volto só Deus...
Mas é melhor nem pensar
Que há de ter piedade
Só sei como principio
Como acabo não posso
Mas confio em quem é maior

Ó Santo que vai de casa em casa
Por uma porção de
noites enfileiradas
Acompanhado de um
canudo de gente
Que nem sei de onde saiu tanta
Todos com a intenção
de pedir alguma coisa
Só para trabalhar é que eles
somem todos
Também o trabalho é sofrimento
Parece mais é com a morte
O que parece com a vida é a festa

---

[1] Esse poema está escrito numa linguagem popular, característica do Norte de Minas.

Lá vai u santim	Lá vai o santinho
Si derretendu todu prum benditu	Se derretendo todo por um bendito
Cantadu pru vóis fina i afiada	Cantado por voz fina e afiada
Rompen'a noiti i fazenu	Rompendo a noite e fazendo
prestá assuntu	prestar atenção
Inté merm'us curiangu	Até mesmo os curiangos
as curuja i as mãe da lua	as corujas e as mães-da-lua
Vóis qu'iscuta di longi	Voz que se escuta de longe
di madrugada	de madrugada
Qond'us ar'abaixa i a roça discansa	Quando o ar abaixa e a roça descansa
Qui retáia cumu si fossi	Que retalha como se fosse
fac'amolada	faca amolada
U coração di corqu'é cristão	O coração de qualquer cristão
Lá vai u santim	Lá vai o santinho
Quebradim imendadim	Quebradinho emendadinho
di leiti di cipó	de leite de cipó
Assim queném nóis	Assim como nós
Espaiando a força i a isperança	Espalhando a força e a esperança
Di vê u outr'anu	De ver o outro ano
Si Deus oprimita	Se Deus o permitir
Nóis tudu reunidu	Nós todos reunidos
É iscuro qui nem breu	É escuro que nem breu
Mais merm'assim nóis vai atráis	Mas mesmo assim nós vamos atrás
U vent'apag'as candeia tudo	O vento apaga as candeias todas
Nóis num inxerga nada	Nós não enxergamos nada
Mais é cumo s'inxergassi	Mas é como se enxergássemos
Nóis vai nu rumu	Nós vamos no rumo
Nascem'aqui somu daqui	Nascemos aqui somos daqui
Us trieiru cunheci nóis	Os trilheiros nos conhecem
Cum'as ando di s'as mão	Como as palmas de suas mãos
Trem pió qui andá nu iscuru	Coisa pior que andar no escuro
É essa vida qui nóis trevessa	É essa vida que atravessamos
Mais u santu protegi nóis	Mas o santo nos protege
Põe ungüentu ni nossas dô	Põe ungüento em nossas dores
Foi pra isso qui mandô	Foi para isso que mandou
Deus nossinhô	Deus Nosso Senhor

Conclusão

Às vezes nos sentimos um tanto perplexos diante da complexidade de uma determinada realidade. Isso porque sempre temos um certo medo do que não é claro. A complexidade nos traz problemas de compreensão e análise, de comentários com uma determinada margem de acerto. Pois foi assim que me senti tentando abordar a questão da presença de Deus neste fascículo. Por essa razão, tive de escolher somente alguns aspectos que nos orientam nesse itinerário de fé de judeus e cristãos, ao longo dos séculos.

Acredito ter esboçado uma base que possa nos apontar para a consciência da presença de Deus como algo extremamente vital para judeus e cristãos. A experiência dessa presença os define e os faz viver. Essa presença mostra o Primeiro e o Segundo Testamento, bem como o povo judeu e o cristão, em continuidade. Essa continuidade se torna mais clara em torno da consciência de que Deus é sempre o mesmo, e sua presença também. Deus não pode mudar e não muda; o que muda é a compreensão e a expressão da comunidade acerca dele.

Nesse sentido foi percorrido esse caminho: da Tenda do Encontro passando pelo Templo, pelo Corpo de Jesus de Nazaré, pelas espécies — pão e vinho — da eucaristia, pelo sopro do Espírito, pelos santos dos oratórios e chegando ao nosso coração. Passamos por exílios, desertos, passamos por mares, vales e montanhas. Passamos do nomadismo ao sedentarismo, passamos dos nossos interiores para a cidade grande, sempre com a presença e na presença de Deus. Deus esteve, está e estará sempre conosco. Estaremos sempre em sua presença, principalmente nos momentos mais sofridos, mesmo se, como Jacó, podemos dizer às vezes: "O Senhor está neste lugar e eu não sabia".

Bibliografia

Fontes

BÍBLIA DE JERUSALÉM. São Paulo, Paulus, 1986.

BÍBLIA, *Tradução Ecumênica* (TEB). São Paulo, Paulinas/Loyola, 1996.

MISHNÁ, *com comentários* de H. Albeck. Tel-Aviv, Dvir, 1988.

ORÍGENES, *Commentaire sur Saint Jean,* t. IV, Sources Chrétiennes. Paris, Cerf, 1982.

_____. *Homélies sur la Genèse*, Sources Chrétiennes. Paris, Cerf, 1976.

SIFRE DEVARIM, *Comentário sobre Deuteronômio*. New York/Jerusalém, The Jewish Theological Seminary of America, 1969.

RASHI, *Comentários sobre a Torá*. Jerusalém, Ha Rav Kook, 1992.

TALMUD DA BABILÔNIA, edição de Vilna, Jerusalém, 1880.

Estudos

AVRIL, A. C. & MAISONNEUVE, D. De la. *As festas judaicas*, Documentos do Mundo da Bíblia. São Paulo, Paulus, 1993.

BROWN, R. *A comunidade do discípulo amado*. São Paulo, Paulus, 1984.

LENHARDT, P. *La tradition d'Israël sur la présence divine*, em Cahiers Ratisbonne n. 2, Jérusalem, CCEJ-Ratisbonne, 1997.

MOLTMANN, J. *O Espírito da vida*. Petrópolis, Vozes, 1999.

URBACH, E. E. *Les sages d'Israël, conceptions et croyances des maîtres du Talmud*. Paris, Cerf, 1996.

Sumário

APRESENTAÇÃO 7

INTRODUÇÃO 11

Shechináh, Presença de Deus 12

    O que significa a palavra Shechináh? 12

    Deus e seus atributos: como a presença
    é reconhecida pelo povo 14

1. O VOCABULÁRIO DA PRESENÇA
   NAS ESCRITURAS E NA TRADIÇÃO DE ISRAEL 17

Imanência e transcendência 17

O Anjo do Senhor e a presença de Deus 19

    No Primeiro Testamento 19

    No Segundo Testamento 26

2. FORMAS E LUGAR DA PRESENÇA DE DEUS 31

Presença e aliança 32

Os patriarcas e a presença de Deus 33

Moisés e a presença de Deus no livro do Êxodo 35

As festas litúrgicas: tempo do encontro 37

Deus conosco: Emanu-El 39

Descida de Deus no Pentateuco 40

Presença de Deus no Santuário 41

    Na Tenda do Encontro 41

    No Primeiro Templo 42

    No Segundo Templo 46

3. **PRESENÇA E PESSOA DE JESUS** 49

Convite a um olhar diferente 49

Jesus, a Torá e o Templo 50

Destruição do Templo – morte de Jesus 53

Presença de Jesus nos Atos dos Apóstolos 55

Presença de Jesus nos escritos de Paulo 56

4. **A COMUNIDADE:**
LUGAR DA PRESENÇA DE DEUS 59

Israel 59

A comunidade cristã 62

5. **PRESENÇA DE DEUS E ESPÍRITO SANTO** 67

No Primeiro Testamento 67

No Segundo Testamento 69

6. **PRESENÇA DE JESUS NA PALAVRA**
E NA EUCARISTIA 73

7. **PRESENÇA DE DEUS ENTRE NÓS HOJE** 77

Presença de Deus nos meios populares:
festas dos padroeiros e oratórios 77

CONCLUSÃO 81

BIBLIOGRAFIA 83

Impresso na gráfica da
Pia Sociedade Filhas de São Paulo
Via Raposo Tavares, km 19,145
05577-300 - São Paulo, SP - Brasil - 2005